斎藤一人
大富豪が教えてくれた

1ページ読むごとに

メチャクチャ

人生が楽しくなるヒント

ひとり

舛岡はなゑ

ロング新書

はじめに

「あなたは人生を楽しみましたか？」
「人に親切にしましたか？」

この二つの質問は私たちが死んだときに、神さまからかならず尋ねられる質問です。そのとき迷うことなく、「はい」と答えることができれば、あなたは天国に行くことができます！　そうでない人は、残念ながら天国に行くことができません。

神さまは、なぜこのような質問をするのでしょうか？

「それはね、『人生を楽しむこと』が神さまの望む生き方だからだよ。オレたちはそのことを神さまと約束して生まれてきたんだ」と、師匠である斎藤一人さんは教えてくれました。

「人生を楽しめばいいなら、な～んだ、カンタン♪」と思った人もいるかもしれません。

でも、あなたはほんとうに人生を楽しめていますか？

たとえば、洋服を選ぶとき。ほんとうは花柄の黄色のワンピースを着たいけれど、どう思われるかしら、無地のベージュのほうが無難かも……と、人の目を気にして思い留まったことがあるのではないでしょうか。

「家族が病気だから、私だけが楽しむことなんてできない。だから、コンサートには行けないわ」と、楽しむことをあきらめてしまったことがあるのではないでしょうか。

神さまからの二つの質問は、実は同じことを聞かれています。なぜなら、人は誰かに親切にしたときに、「人生の真の楽しさ」を知るからです。親切の最高のかたちとは、「人をしあわせにすること」なのです。

でも、人をしあわせにするには、どうしたらいいのかわからないという人もいますよね。カンタンに言うと、自分のしあわせを伝染させればいいのです！

だから、他人を犠牲にした上で自分だけが楽しんでもダメ。他人のために自分が犠牲になってもダメ。他人に親切にしていても、自分が楽しめていなければダメなのです。つまり、たとえ「親切でいい人」でも、暗く悲しく生きていたら天国には行けないのです‼

この話を一人さんに出会ったばかりのころに教えてもらったとき、私はものすごくショックを受けてしまいました。驚きのあまり、目からウロコが落ちるどころか、ほんとうかしら⁉と疑ってしまいました。

えっ、なんで親切な人が天国に行けないの？　いい人なら天国に行って当然じゃないの？　って。

でも、しばらく経つと一人さんの言っていることはほんとうだったのだとわかるようになりました。天国というところは、明るくて楽しくて、親切で、しあわせな人しかいないのです。いじめる人もいじめられる人も不幸な人もいないのです。

こんな風に一人さんの話はいつも聞いてから一〇年ぐらい経つと、やっと自分のなかの常識になって、目からウロコが落ちてくるのです。

一人さんはみんなにわかりやすいように『神さま』という言葉を使っていますが、大いなる存在というような意味合いです。銀座まるかんは宗教ではありません。一人さんはしっかりと税金も納め、生涯納税累計額で日本一大金持ちの商人です。

最近、いかに人生を終えるかといった『終活』がテレビや雑誌、書籍などで注目を集めています。人生をどう終えるか、身辺整理をどうするかということももちろん大切です。でも、人生の終い支度を始めるその前に考えてみてほしいな、と私は思うのです。

「あなたは人生を存分に楽しんでいますか？」ということを。

「はなゑちゃん、オレはね、この人生を喜劇だって自分で決めているの。だから、オレの人生おもしろくてしょうがない。何が起きてもおもしろいんだよ。これからも存分に楽しんで、最期に『まだまだ死にたくない‼』と言える人生を送りたいと思っているよ」と、一人さんは自分の死に際について、満面の笑顔で話してくれました。

私もこんな一人さんの生き方に大賛成です！

あなたは自分の人生を喜劇にしたいですか？　それとも悲劇にしたいです

か？

もし、楽しい喜劇にしたいのなら、この本に書かれていることを一つでもいいので実践してみてください。

ともに人生を存分に楽しんで、いつか天国でパーティをひらきましょう！

舛岡はなゑ

斎藤一人
大富豪が教えてくれた
一ページ読むごとにメチャクチャ
人生が楽しくなるヒント

【もくじ】

第1章　人生、楽しんだもの勝ち！

第2章　「楽しい」を選ぶ。

第3章 すべてを「遊び」にする。

第4章 「からだの因果」を解く。

第１章

人生、
楽しんだもの勝ち!

この世は楽しむためのご招待！

すでにご存知だと思いますが、私たちは斎藤一人さんから精神的なことを学んでいる弟子です。

もしかしたら、精神的なことを学んでいる人はまじめで地味だという印象をもっている人もいるかもしれません。意外に思われるかもしれませんが、師匠である一人さんをはじめ私たち弟子は、実は誰よりもめちゃくちゃ人生を楽しんでいます。

なぜなら、一人さんはいつも弟子たちに、「メイクやオシャレでも、コンサートでも、楽しいことはもっとしな！」と、背中を押してくれるから。「華美に走るな」ではなく、「華美に行け！」という教えなのです（笑）。

だから、滝に打たれたり、食べることを我慢したりといった苦労を耐え忍ぶような難行苦行はなにひとつなく、むしろ人生を心から楽しいと思える遊びにする、「遊行」なのです。

一人さんは言います。

「あのね、『人生を楽しむこと』は、ほんとうに神さまが望んでいることなんだよ。なぜなら、この世界に生まれるということは、『楽しむための神さまからのご招待』だから。オレたちはこの世で学び、そして楽しむために生きているんだよ。しあわせは権利じゃない。義務なんだ」

神さまは、私たちが人生を楽しむためにこの世に送り出してくれました。それなのに、つらい顔をしてオシャレもせず、髪の毛もとかさず頭はボサボサ、どうでもいいような格好で、暗～い顔をして毎日をつまらなさそうにすごしているのは、神さまのせっかくのご招待を台無しにしているようなものです。だって、もしあなたが大好きな人からパーティに招かれたら、女性ならキレイにメイクして、華やかにドレスアップしますよね。男性ならヒゲや髪の毛を整えたり、いちばんかっこよく見える洋服を選んだりして出掛けますよね？

肉体のあるこの物質世界では、自分の肉体をどうやって表現するか、どんな髪型をするか、どんなオシャレをするか、どれだけキレイになれるか、どうやって人に親切にするか、そしてどうやって楽しむかが大切なのです。

人に親切にするけど自分はどうなってもいいとか、どんなにボロボロの格好をしていてもいい、というような犠牲的精神ではダメです。神さまは犠牲をキライます。それは神さまから見て、誰かがしあわせでも、誰かが不幸なら同じことだから。「みんながしあわせになること」を考えると、神さまが味方してくれてすべてがうまくいくのです。

だから、つらいことを我慢して乗り越える必要はありません。苦しんで出した答えは、さらに苦しい結果を招きます。そうではなくて、一見つらく見えることを、どうやってとらえたら楽しくてしあわせになるかという答えを導き出したとき、神さまは最高の答えを出したあなたに◯《マル》をくれてご褒美をくださるのです。最高の答えを見つけ出すヒントは、めちゃくちゃ楽しいことなのです。

だから、人生、楽しんだもの勝ちです!!

みんな笑顔でパパちゃん大往生

数年前にパパ（父のことをみんなこう呼んでいたので、本書でも父母を「パパ」「ママ」と書かせてもらいますね）の旅立ちを看取りました。

とっても明るく楽しい人でしたが喉頭《こうとう》ガンになり、「もうオレはやり残したことがないからいつ死んでもいい。だから、抗ガン剤治療も手術もしたくない」という意志を尊重して自宅療養を選び、六年ほどの間ずっとママが自宅で看病をしていました。

幸い病気になってからもまったく痛みもなく、好きな物も食べてすごしていましたが、だんだん寝たきりになってきました。

ママは、会社の社長だったパパの仕事を手伝ったり、パパが元気なころから髪の毛を梳《と》かしてあげたり、もう何から何までお世話をしてあげていました。そんな仲良し夫婦でしたから、パパが亡くなったらママはショックで立ち直れないんじゃないか、と兄も私も心配して家族会議を開いたのです。

「ねぇ、ママ。パパが亡くなってもガッカリしないでね。だって大往生なんだから。私たちはソウルメイトだから、また絶対に会えるよ」と、私は伝えました。

「そうね、パパが苦しまないのがいちばんだわ。好きな物も自由に食べられなくなってしまったし、あんなに入院することもイヤがっていた人だから、そろそろ次の衣（新しい体）に着替えたほうがいいわよね」と、ママは意外にも気丈でした。

そして家族みんなで決めたのは、パパとの別れまで悲しんで暗い顔をしたりせず、それぞれの生活を楽しむこと。私は、「パパが旅立つギリギリまでライブに行くし、看取ったらすぐ遊びに行くから！」と、家族や仕事仲間にも宣言したのです。

そんな家族会議を開いて間もなく、パパは緩和ケア病棟に入院。わずか数日後には点滴も入っていかなくなり、苦しそうな顔ひとつすることなく次第に呼吸がゆっくりとなってきて、ロウソクの火が燃え尽きてスーッと消えるように静かに命をまっとうしたのでした。

ママは、「なんだかまだパパが側にいるみたい」と、パパの面倒を精一杯やり尽くした感があったのか取り乱すことも、無気力感に陥ってしまうこともありませんでした。

パパの最期は悲しくなかったというと語弊があるかもしれませんが、こんなにも穏やかでしあわせなパパの大往生をみんなで見送ることができたのは、一人さんから教えてもらったこんな言葉があったおかげです。

「よく旦那さんが亡くなったら最低でも一年間は派手なことは控えて喪に服さなければいけないとか言うだろ。でも、そんなことをしても誰も喜ばないんだよ。それよりも、その人の分まで楽しく生きるぞっと、前を向いたほうが、亡くなった人も神さまも喜ぶんだよ」

家族の誰かが病気になったり、亡くなったりすると、「私だけが楽しんではいけない」と身内の人は思ってしまいがちですよね。でも、その常識はいったい誰が決めたのでしょうか？

むしろまわりにいる家族が暗い顔をしていると、病気を患っている人にとっては重荷になり、さらに病状が悪化してしまうことだってあるのです。自分の楽しみをすべて封印して看病していたら、その人だって病気になってしまうかもしれません。それでは百害あって一利なしですよね。

それよりも病気の人を抱える家族にとって大切なのは、みんなが笑顔でしあわせに暮らすことです。そして、病気の人と明るく接することだと思います。私たち家族は、そんな一人さんの教えを実践したからこそ、パパは苦しむことなく大往生を遂げることができたのだと感謝しています。

別れ際に体験したちょっと不思議な話

いまからお話するのは、私がパパとの別れ間際に体験した、ちょっぴり不思議な出来事です。信じたい人だけ、信じてくださいね。

パパが亡くなる二カ月くらい前のある日、恵美ちゃん（柴村恵美子社長）に会う機会がありました。そのとき恵美ちゃんが、「はなちゃん、パパちゃんはどうだい？」と尋ねてくれました。

私は、「パパはいままでと変わりはないのだけれど、私たち家族はもう悲しまないで自分たちの生活を楽しもうね、亡くなってもまたすぐに遊ぼうねって言っているんだ。もうからだも自由に動かせないから新しい衣に替えたほうがいいし、また絶対に会える。だからパパが苦しまずに亡くなってくれることだけを願っているわ」と答えました。

するとと恵美ちゃんは、「そうだよ、それがいいね」と言って、微笑みました。

それから二カ月ほどして、パパはこの世を去りました。

次に恵美ちゃんに会ったとき、こんなことを教えてくれました。

「あのね、実はあのとき、はなちゃんの頭の上あたりにニコニコしたパパちゃんの顔が見えていたの。だから、はなちゃんの考えをパパちゃんも喜んでいたんだと思うよ」

恵美ちゃんはとても霊感が強く、亡くなった人だけでなく生霊などもよく見えるそうです。（ちなみに、生霊というのは人生の寿命が近づいている人などが、眠っている間やボーッとしているときなどに魂がからだから抜け出して、いろんなところに別れの挨拶に行くことがあるのだそうです『虫の知らせ』というのも、そういうことが関係しているのかもしれません）。

その恵美ちゃんの話を聞いて、パパもみんなが悲しまずに、自分たちの生活を楽しむことを望んでくれていたのだと確信をもつことができて、とても嬉しくなりました。

もうひとつ、取扱店のゆうこりん（御代田祐子さん）から聞いたお母さんが亡くなる間際の不思議なお話。ゆうこりんは私のパパの不思議な話を聞いていたので、「お母さん、いつ亡くなってもいいんだよ。よくがんばったね」と、入院しているお母さんの枕元で声をかけていたそうです。いつ亡くなってもおかしくないぐらいの虫の息で苦しそうな顔をしているのに、息を引き取らない。なぜだろうと思って、交替で看病をしているお母さんの妹に話すと、「死なないで。私を置いていかないで」といつも妹さんはゆうこりんのお母さんに泣きすがっていたのだそうです。

ゆうこりんは彼女にこう伝えたそうです。「あのね、そんなことを言っているとお母さんが苦しいのに無理してがんばっちゃうのよ。『お母さん、よくがんばったね。もういいんだよ。私たちのことは心配しないで安心してください』と言ってあげて」

妹さんはゆうこりんの話を聞いて、そうだなと思ってその通りに伝えると、ゆうこりんのお母さんは、次の日に亡くなったそうです。

愛する大切な人（動物もです）を見送るとき、「がんばって、がんばって」と、悲しみのあまり言ってしまいがちです。でも、そうやって引きとめてしまうと本人はもう気持ちいいなというところで逝きたいのに、一生懸命に無理をしてがんばって苦しむことになってしまうのです。

それよりも、もうからだも自由に動けないなら衣を替えたほうがいいねという気持ちで、「いつでもどうぞ。また会おうね」、親なら「私を産んでくれてありがとう。また会おうね」と、言ってあげたらいいと思います。

それが、愛する人への最高の贈る言葉になると私は思います。

世の中を明るくするオシャレをしよう！

ママがパパを看病している間には、「看護師さんたちがパパをみてくれている間、たまには気分転換にどこか遊びに行こうよ」と誘っても、「パパのことが気になっちゃって遊びに行けないわ」と、ママは楽しむことをやめてしまった時期もありました。

そんなママにK-POPを好きになって楽しんでくれたらいいなと思い、パパが生きているころからおすすめの曲を録音してプレゼントしていたのです。

最初は、「なんだか全部同じように聴こえるわ」と、まったく興味を示しませんでした。ところが、パパが亡くなってからしばらくして、K-POPのコンサートに連れて行ったのです。すると、「かっこいいわね！」と、たちまちママの目はハートになって、すっかりその魅力にハマってしまいました（笑）。

最近のママはというと、お気に入りの韓流スターのDVDを観ながら三〇分ぐらい家の中でウォーキングしているので、どんどん若々しくなっています。韓流スターの名前はすぐに覚えちゃうし、お気に入りのスターに「ご馳走してあげたいわ！」なんて楽しんでいる様子は、まるで少女のように可愛いです。

もうひとつ、「楽しむことは悪だ」という理由なき罪悪感からママを解放するための予防注射として、一冊の本をプレゼントしました。それはニューヨークで暮らす六〇代以上のオシャレな女性たちの写真集『Advanced Style』（アリ・セス・コーエン著)。
みんな思い思いにカラフルな洋服を着たり、髪を染めたり、いきいきとオシャレを楽しんでいて、見ているこちらまで明るくハッピーな気持ちにさせてくれる本です！

まさに、カーキーや茶色の洋服ばかり着ていた私に一人さんが教えてくれた、「はなゑちゃん、女性は特に花だよ。花がなんで草の色をしているの、なんで花が土の色をしているんだい？　オシャレは人のためにするんだよ。自分が明るい服を着るのも世の中を明るくしたいから。ブローチをつけるのも人様のためにつけるんだよ。だから、安くてもいいから大きくてキラキラしたものを選びな。自分のためにするオシャレはいくらお金をかけてもエゴなんだよ」ということを、見事なまでに体現しているのです!!

ママは元々オシャレをするのが好きな人で、私が子どもだったころの記憶では六〇年代に流行したミニスカートを颯爽と着こなしたり、ハイヒールを履いたり、スカーフを巻いたり、髪の毛は茶色にカラーリングして外巻にしたり、つけまつげをつけたり、昔の女優さんみたいなオシャレを楽しんでいました。

そんなオシャレなママが私は大好きで、こうやって化粧をするのだなとマネをして遊んでいました。

ただ、ママはオシャレだけれどシックでキリッとした装いが好きなため、年を重ねても黒色の洋服ばかり着ていたのです。

そこで、「ママ地味だよ。なんで黒色の洋服ばっかり着るの？　この本を見て。シミやシワがあろうが、背中が曲がっていようがカラフルな色の洋服を楽しんでいるわよ。ママにもこんな風になってほしいな」と、思い切って言ってみました。そして、口を出すなら実際に明るい色の洋服をプレゼントしようとお店に連れて行ったのです。

「派手な色や柄物の洋服なんて……」と最初は尻込みしていたママも、大きなフルーツ柄や、明るいオレンジやグリーン、白からブルーへとグラデーションになった洋服、ゴールドのスカーフなど、次々と試着していくうちにだんだん目が慣れてきて「わ～、素敵！」と、どんどん明るい笑顔になっていきました。

いままでは、「ちょっと派手かなと思っていた洋服も、なんだか地味に見えてきて着られなくなっちゃったわ（笑）」なんて言って、赤色や花柄の洋服だって抵抗なくイキイキとオシャレを楽しんでいます。ママちゃんの常識が変化してくれて、ほんとうによかったなと私も思っています。

「会社にこんなに派手なピンクのワンピースを着て行ったら、絶対に部長から何か言われるからこっちのベージュにしておこう」というように、他人の目を気にして、着てみたい洋服ではなく無難な色を選んでいる人も多いのではないでしょうか。

私自身、控えめな装いにしようかなと思ってしまう自分が出てくることがときにはあります。そんなときは弟子仲間に、「この洋服どうかな？」と意見を求めることもします。でも、意見を聞くときは、必ずしあわせで、成功していて、人生を楽しんでいる人に限ります。

その点、仲間の弟子たちは、間違いありません。そして、人の意見にも耳を傾けたら、最終的には自分が楽しくて居心地のよい装いをするように心がけています。


最初はいつもと違う格好をしたり、大きな指輪やキラキラ光るブローチをしていたりすると、「おまえ、どうしたんだ」と言われることも当然あるでしょう。

そんなときに備えて、「明るい色の洋服を着ると、しあわせになれるらしいですよ」とか、明るく答えられる言葉をあらかじめ準備しておけばいいのです。

そのうちすぐに慣れてきて、他人にとっても自分にとってもその格好があたりまえになっていきます。

第一、洋服代を支払っているのはあなたなのですから、ＴＰＯにあわせて好きな装いを楽しむのは自由です。楽しみを制限しているのは他の誰でもなく、自分自身なんですよね。

楽しんでいれば、いくつになってもボケしらず！

楽しんでいると、最高にいいことがあります。それは、いくつになっても若々しくいられて、ボケないこと。

年をとるとともに脳はだんだんと萎縮してしまって、物忘れがひどくなったり、認知症になったりする人もたくさんいます。その場合、趣味のない人の多くは回復しません。なぜなら、楽しみがないから。生きる気力ってものすごく大切なのです。

だから、ある程度年を重ねると、人生を楽しんでいる人のほうがダンゼン若いし、ボケないのです。

テレビで認知症について特集した番組によると、認知症の症状がよくなるのは、嬉しいとか、楽しいときなんですって。認知症の人の手をやさしくさすってあげると、夜中に暴れたり、暴言をはいたりすることが減るそうです。人の手から愛情を感じるのでしょうね。その感情によって脳がイキイキして症状がよくなるのかなと思います。

こんな風にスキンシップをしてあげるのもいいけれど、その人が楽しいと感じることを見つけてあげるのもおすすめです。

私のママちゃんはいま韓流のドラマが大好きでもう目が乾いちゃうくらい見ています（笑）。好きなスターの名前はすぐに覚えちゃうし、若くいなきゃと思っているから、とにかく可愛いのです。「も〜、毎日楽しくって♪」と、ウキウキしているから、脳細胞はちっとも壊れないのでボケないのです。

また、脳は働いたところが活性化するそうです。たとえば、タクシーの運転手さんや自分で車を運転する人は、道をよく覚えていますよね。これは運転することによって、道や方向感覚に対する勘が冴えてくるから。運転の際に使う部分の脳波を測ると、そこが活性化しているのです。初心者は活性化が弱いけれど、ベテランになるほどものすごく活性化しているのだそうです。

外国のある実験では、敵の基地がどこにあるか画面を見ながら探すというシミュレーション訓練を使ったものがあります。ものすごい早さで瞬時に敵の基地を見つけて襲撃しなくてはいけないのですが、初心者はなかなか見つけられず間違いも多い。

ところが、一、二年も訓練を積めば脳は活性化して、画面を見てパパパッとものすごい早さで見つける上に、間違いも少ないそうです。しかも驚くことに、初心者でも早く見つけて狙撃しようという強い気持ちで脳の働く場所に微電流を流すと、数時間で、何年もやっているベテランに匹敵するスピードと正確さが出るそうです。

だから、発達させたい部分のアンテナを張っていると、人はそこが長けてくるのです。ママも以前は韓流スターの顔が全員同じように見えていたのが、おめあてのスターを見つけたことによって、「わ〜、楽しい！」となると、脳が刺激される。すると、一人ひとりの顔がちゃんと違って見えるようになり、名前もすぐに覚えられるようになったというわけです。

一人さんの言う『プロ意識』も、それと同じだと思います。人生って、どのくらい人の気持ちをくめるかで、生き方が違ってきます。

たとえば、人間関係のうまくいかない人は、人が何を思っているかをくみとるのが下手です。それは、意識していないと発達しないんですよね。

「人を喜ばせたい」と常に意識している人は、どんどん喜ばせ上手になって人間関係も仕事もうまくいくようになります。なぜなら、その意識している部分の脳が発達していくから。

一人さんが教えてくれたことを、いま科学が証明しています。

根拠のない自信をもとう！

幼なじみの忠夫ちゃん（弟子仲間のひとり、遠藤忠夫社長）から、あるとき

こんなことを言われたことがあります。

「はなゑちゃんはさ、悩みなんてないでしょ」

「えっ、忠夫ちゃんは悩みあるの⁉」

私はとっても驚いてこう答えました。すると忠夫ちゃんは、「はなゑちゃん、

やっぱり変わってる！」と大笑い。

私は子どものころから脳天気で、悩みというものがない楽天的な性格でした。

だから、悩みなんてないのがあたりまえだと思っていたのです（笑）。

これは両親が無条件に愛し、普通は可愛がる親というのは束縛してしまいがちですが束縛はせず、私を信じて自由に育ててくれたおかげだと思います。兄も私も両親から理不尽に怒られたり、「早くしなさい！」と急かされたりした記憶がありません。


高校生のころにこんなことがありました。学校の規則ではほんとうはいけないことですが、私はいつも友人たちと学校帰りに喫茶店に寄って、夜の八時か九時ごろに帰宅していたんです。

あるとき二日ぐらい続けて、学校が終わって夕方五時くらいにまっすぐ帰宅すると、両親が驚いた顔で迎えてくれました。そして、心配そうに声をかけてくれたのです。

「友だちとうまくいっているのか？」と。

普通、遅く帰ることを心配して怒られることはあっても、早く帰宅したことで、友だちとケンカでもしたのではないかと心配してくれる親ってめずらしいですよね（笑）。でも両親は、私が遅くまで遊んでいても、ちゃんとどこにいるか電話を入れるし、たいした遊びはしていないと私のことを信頼してくれていたのです。

父親はよくこんなことも言っていました。

「オレの同級生で頭のいい奴は一人も出世していないから、世渡り上手なほうがいいぞ」

だから、「勉強しなさい」と怒られたこともないのです。私がテスト前に教科書を読みながら眠たくなってコックリ、コックリと船をこいでいると、「おまえはすごいな、寝ながら勉強しているのか（笑）。早く布団に入って寝ちゃいな」と、両親は笑っている。

こんな感じで、いつでもありのままの私を認め無条件に愛してくれたおかげで、私には『根拠のない自信』があるのです。勉強ができるとか、ピアノが上手にひけるとか、なにひとつ特技がなくても私が存在することが、親の喜びであることを知っているという、無条件に愛されている自信です。

もし、学校で一番勉強ができるとか、足が速いとか、親の期待に答えられている何かの条件付きでしか褒められたり、認められたりしていなかったなら、成績が五番に下がって親に叱られるとその根拠が揺らぎ、見事に自信は崩れ落ちてしまいます。

だから、テストで九〇点とってても「お前は勉強ができない」と親からダメ出しをされるAさんと、テストで六〇点をとっても「がんばったな」と褒めて認められて育ったBさんとでは、Bさんのほうが根拠のない自信があるのでダンゼン光って見えるのです。そのBさんの自信はどこからくるのかというと、根拠は何もありません（笑）。根拠がないから自信をなくすこともないのです。

一人さんは、自信についてこんな風に教えてくれました。

お釈迦様は生まれてすぐ七歩あるき、ひとつの手は天を指さし、もう一方の手は地をさして、「天上天下唯我独尊」と一回だけ言ったそうです。これは一人さん曰く、「天にも地にも我よりすぐれた人はいないという意味だよ。心でそう思っていると、人に褒めてもらいたいとは思わないの。人の言うことを気にしたってしかたがない。自分にとって天にも地にも我より偉い人はいないとなったら、たいして偉くない人に褒められたいとも思わないだろ？　だから、淡々と生きられるんだよ」

私はすべてを認め、愛してくれる親に育てられ、こんな風に教えてくれるすばらしい師匠に出会えたおかげで、根拠のない自信をもって楽しく生きられてほんとうにしあわせです。

もし、なにかで自信を失ってしまっている人がいるなら、まず自分を認め、あなたの側にはいつも神さまがついていてくれていて認めてくれているということを思い出してくださいね。

自分を許そう

一人さんと出会ったばかりのころ、『白光の誓い』と書かれた紙をもらいました。そこにはこんな言葉が書かれていました。

『白光の誓い』
自分を愛して、他人を愛します
やさしさと笑顔をたやさず
人の悪口は決していいません

長所を褒めるように努めます

南無白光観世音

私は最初にこれを読んで不思議に思ったのは、自分を愛しているのなんてあたりまえだから普通は「まず人のことを考えなさい」と言うのに、最初に自分でいいの？　他人を愛することが先ではなくてもいいの？　という疑問でした。一人さんに尋ねると、「はなゑちゃん、自分を大事にしない人は危ないんだぞ。『自分の命はどうでもいい』という人がテロを起こすんだ。『自分なんて刑務所に入ってもいい』『死刑になってもいい』という人が人殺しをするんだぞ。だから、まず自分を大事にしている人じゃないとダメなんだよ」

そのときは、私は自分のことをキライな人がいる、ということをまだ知らなかったのです。それから一〇年が経過し、自分のことを好きになれない人がこんなにもいるんだということを知り、まず「自分を許す」という一人さんの言葉をほんとうに理解できるようになりました。

「自分のこと好き？」と尋ねると、四割ぐらいの人が、「自分のこと好きな人なんていうんですか？」と答えます。残りの六割の人は、「自分のことキライな人なんているんですか？」という答えが返ってきます。

自分のことをキライという人に、「自分のことを応援しないでどうするの」と言うと、応援するような自分ではないと思っているのです。もったいないですよね。

せっかくキレイな容姿をしていても、自分のことがキライでメイクをしたり、オシャレをしたりすることを楽しめない人がいます。

一方、容姿はどちらかというとザンネンなのに自分のことが大好きで、メイクやオシャレを楽しんで明るくたくましく生きている人がいる。

すると、容姿はザンネンでも自分のことが大好きな人のほうが、ダンゼン人気があるんです。

自分のことがキライという人は、まずは「自分を許します」と口に出して言ってみましょう。最初はその言葉すら言えないかもしれませんが、だんだんと言えるようになったころ、自分を許し、愛せるようになります。

自分を愛するようになって愛で満たされると、愛を発信できるようになります。すると、人のことも愛せるようになるのです。

そして、「笑顔がステキですね」とか、「明るい声ですね」とか、人の長所を褒める。「人を褒めるのは、最高の才能」だと一人さんは言います。

「褒められる努力をするんじゃないよ。褒める努力をするんだよ。人を褒めるのは、もって生まれた最高の才能なの。まわりの人を褒めてごらん。楽しくてしょうがないよ」

人を褒めると、褒められた人は嬉しくなって、またあなたに会いたいと人が集まってきます。そして、かならずあなたが楽しくなってしあわせになるんですよ。

キャンドルサービスで隣の人の心に火を灯そう

自分を許せるようになると、ロウソクのように自分が明るく燃える生き方ができます。私はこの一人さんが教えてくれた、「自灯明《じとうみょう》」という教えが大好きです！

自分の心の中のロウソクが燃えていれば、ロウソクで次々と隣の人に火を灯していく「キャンドルサービス」もできます。自分のまわりに光がどんどん広がっていき、やがて世界中を明るくすることだってできるのです。

ロウソクの火は隣の人につけてあげても、自分の光が消えてしまうこともなければ、半分になってしまうこともありません。

では、心の中のロウソクを灯し続けるために大切なこととはなんでしょうか？

「それはね、まずは『笑顔』でいること、それから『天国言葉』を話すことだよ」と、一人さんは説きます。

両方の口角がキュッと上がった笑顔の人は、たとえ無口でも「感じのいい人だな」という印象がありますよね。素敵な人だなと好かれたり、お誘いが増えたり、見ている人を笑顔に変えたり、まわりを明るく照らすことができます。

反対に口角が下がってブスっとした仏頂面の人には、どんより暗い雰囲気が漂っていて、あの人に近づくのはやめておこうと思ってしまいますよね（笑）。

実は、楽しいから笑顔になるのではなくて、笑顔でいるから楽しくなるのです。心では楽しいと思えなくても、人からみて笑顔に見える練習をしましょう。顔の表情をつくっているのは筋肉ですから、毎日、鏡の前で口角をキュッと上げて笑顔の練習をすれば身につけることができますよ。

もしかすると、鏡を見るのがキライでどうしても見ることができない、という人がいるかもしれません。それは自分のことが好きではないせいかも……。

前項でも紹介しましたが、「自分を許します」「自分が大好きです」と何回も言ってみてください。はじめは心で思っていなくても大丈夫。やがて心から自分を許し、大好きになって、素敵な笑顔をつくることができるようになります。

この「自分を許します」「自分が大好きです」というのは、『天国言葉』です。天国言葉とは、「愛してます」「ついてる」「うれしい」「楽しい」「感謝してます」「しあわせ」「ありがとう」「許します」などというように、自分もまわりの人も明るくする肯定的な言葉です。

反対に、「恐れている」「ついてない」、不平・不満、グチ・泣きごと、悪口・文句、心配ごと、「許せない」などは、『地獄言葉』と言います。これらは自分もまわりの人も暗くどんよりとさせる否定的な言葉です。

もし、あなたの上司が文句ばっかり言って暗～い雰囲気の職場でも、あなたもそれにあわせて暗い顔をして不平不満ばかり言っていてはダメですよ。それではロウソクの火は消えて真っ暗闇になってしまいます。

たとえ、あなた以外のすべての人のロウソクが消えていても、「暗いところほど、キャンドルサービスのしがいがあるわ！」と思って、あなたは笑顔と天国言葉で明るくロウソクの火を灯し続けましょう。

あるとき一人さんは優しい笑顔で、理想の最期についてこんな風に話してくれました。

「はなゑちゃん、ロウソクの火は燃え尽きる前にいちばん大きな炎になるだろ。同じようにオレも燃えて燃えて、まわりの人たちも燃えて、自分のまわりが楽しくて明るい世界になって、命が燃え尽きるときにいちばんうわーっと燃え上がるような最期が理想なんだ。

よく、『そんなにお金を貯めてどうするんですか?』という人がいるけど、残りこれだけしかお金がないというんじゃ、しょぼいだろ? それよりも、使えるお金がまだこんなにある、まだまだ生きるぞ! と思いながら死ぬのがいちばんいいよな。死ぬ間際には、『まだまだ死にたくない!!』って言おうと決め

ている んだ（笑）」

私も一人さんの理想とする最期に大・大・大賛成です！
「まだまだ死にたくない!!」と最期に言えるように、あなたも人生をとことん楽しんでみませんか？

天国にふさわしい人って、どんな人？

私はこの世界が楽しくてしかたがないので、まだまだ死にたくはありません。

でも、この肉体での遊行を終えたら、『天国』に行く気充分（笑）です！

いま毎日が楽しいので、「あなたは人生を楽しみましたか？」という神さまの質問には胸をはって、「はい！」と答えられる自信満々です。だからひとつ目の質問はクリアです。

もうひとつ、「人に親切にしましたか？」という質問は、人に我慢をさせていないかということがポイントになります。つまり、みんなのことを踏んづけて自分だけがしあわせなのは、「なんちゃってしあわせ」なので神さまから◯《マル》をもらえません。もちろん、自分もがまんしてはいけません。

ほんとうのしあわせとは、自分もしあわせで、まわりもしあわせなこと。だから私はまわりにいる人たちみんなと人生を楽しんで、全員で天国に行きたいと思っています。


ところで、天国とはいったいどのようなところなのでしょうか？

一人さん曰く、天国とはいい音楽が流れていて、いい香りがして、とても明るくて、それはそれはとてもキレイで居心地のよいところだそうです！

不幸な人がひとりもいなくて、みないい人で、優しくて、おもしろくて、親切な人ばかり。いじめる人もいなければ、いじめられる人もいません。みんなが自分もしあわせだけど、人もしあわせになってもらいたいと思っている人がいるところ。あなたが思っているよりもず〜っといいところなのだそうですよ。

反対に、地獄は臭くて、暗くて、寒いところ。「地獄に底なし」と言うように、いくらでも底があるそうです。

そこにいるのは妬《ねた》んでいる人、恨《うら》んでいる人、キライな人がいる人、「自分なんてキライ」と思っている人、暗い人、苦しくてつらい人、意地悪な人、つまりしあわせではない人であふれかえっているのです。あなたが想像している以上にイヤなところだそうです（笑）。

おもしろいことに、天国でも地獄でもそれぞれ似たような人たち同士が集まっています。だから、この地球でも天国に似つかわしい生き方をした人でなければ、死んでからも天国に行くことはできません。

たとえいい人でも、暗く、悲しく生きていたら天国には絶対に行かれないのです！　だって不幸な顔をした人が天国にいたらおかしいですよね。

いま私のまわりにいるのは、楽しくて、明るくて、しあわせな人ばかり。しあわせな人が集まっていい波動になるから、天国のように居心地がいいのです。

いじわるな人はいないし、いじめる人もいじめられる人もいません。

たとえいじめられていた人でも、いじわるな人でも、一人さんの愛情に触れていると心が満たされてしあわせになれるのです。

あなたは天国と地獄、どちらに行きたいですか？

天国に行きたいなら、いまから天国にふさわしい人になりましょうね。

神さまの配ったカードに文句を言わない

人生はいくらでも開拓できるものだと私は思います。たとえば、私はもっと大きくはっきりした目になりたいなと思ってメイクを楽しく研究しています。そうするとどんどんうまくなって、そのうちメイクの指導を頼まれたり、「メイクの本を書いてみませんか?」と出版社からお声がかかったり。思いもしなかった楽しい道が開けていきました。

もし、私の目が生まれつき大きくパッチリとした目だったら、メイクをする必要はないので研究することはなかったでしょう。自分では納得のいかないザンネンな目だったおかげで、メイクの道が開けたのです。

「なんで私は大きくパッチリとした目じゃないんだろう」と、暗く悲しい顔をして不平不満ばかり言っていたら、メイクの本を出版するなんていうチャンスは一生めぐってこなかったはずです。

このことを一人さんはこんな風にわかりやすく話してくれました。

「トランプゲームにポーカーってあるよね。配られたカードにいちいち文句を言っていると勝てないんだよ。いま持っている手持ちのカードで勝つ方法を考えるの。人生もそれと同じだよ」

配られたカードというのは、どんな容姿に生まれるとか、この親の元に生まれる、こういう事件が起こる、誰々と出会うというような自分の身のまわりに与えられたもの、起こる出来事などです。

あの人は美人だからモテるんだとか、家がお金持ちだから成功したんだとか、親が頭がいいから勉強ができるんだとか、他人のカードをついうらやましく思ってしまうこともありますよね。でも、それは「私にはあれがない」「これができない」というように自分にないもの、足りないものに目を向けてしまっているのです。これぞ不幸の始まり、地獄に向かってまっしぐらです。

それよりも、神さまが自分に配ってくれたどんなカードにも文句を言わず、手持ちのカードのなかで「私にはこれがある」「あれもできる」というように自分にあるもの、できることに目を向けていくとしあわせになれるのです。

あなたに配られたカードにはかならず理由があり、そこから自分でどんな風にしあわせになるかという人生のゲームなのです！

いまの自分の顔に満足していないなら、メイクを研究する。足が太くて短いなら、運動をしたりマッサージしたりする。そんな風にいろんなケアを楽しんで試みていると、次に生まれ変わるときは、いまよりも美人になり、足も細くてスラリと長くなるのだそうです！

だから、私はまだまだ死にたくはないけれど、生まれ変わることも楽しみでワクワクしながらメイクやボディケアに励んでいます。

自分の出している波動で人生は決まる！

「人生は『波動』だよ。どんな親の元に生まれたか、どんな環境で育ったかはどうでもいいんだ。ただ、自分がどのくらい豊かな波動を出しているかで人生が決まるんだよ」と、一人さんは教えてくれました。

波動とは、わかりやすく言うとその人の考え方です。よく、「あの人と波長があう」「波長があわない」と言いますよね。その波長が波動と同じようなものだと考えるとわかりやすいと思います。

一人さんは続けて次のように話してくれました。

「人生のしあわせや成功というのは、経済的に豊かになったり社会的に成功したりした結果、得られるものではないんだよ。まず、波動が先。豊かな波動を出しているから、しあわせや成功を得られるんだよ。人生は波動どおりのことを引き寄せるから、何を思い、どんな波動を出しているかが大切なんだ」。

波動は、瞬時に変えることができます。自分が愛を出すようになれば、愛のある人が集まってきます。反対に、貧しい波動を出すと、貧しい現実を呼び起こします。だから、愛がほしければあなたから愛を出すしかないのです。

特に、人のしあわせを願うとものすごく豊かな波動になります。すると波動のとおりの人生になるので、人間関係も、仕事もうまくいき、結局はあなたが豊かになるのです。

いまいる場所や人、金銭的な豊かさはすべて自分の波動で決まります。もし、毎日が楽しくなくて不満があるのなら、貧しい波動が出てしまっているのです。人のせいではなく、自分がどんな波動を出しているかで人生は決まるのです。

『人生は波動』という一人さんの詩があります。私はこの詩を初めて読んだとき、「一人さん、この詩を私にください!!」と、思わず叫んでしまいました（笑）。何度読んでも心に染み渡る素晴らしい詩ですので、あなたにもぜひ読んでもらいたいのでここに記しておきますね。

人は愛と光
曼荼羅は無限の宇宙

成功はやすらぎ
人生は波動

斎藤一人

この詩の意味をわかりやすく解説すると、こういうことが書かれています。

人の心は愛と光でできている。
人の心は無限の宇宙ぐらい広い。
成功したからやすらぐのではない、やすらいでいる心から成功が生まれる。
人はその人が出している波動がすべてを生み出す。

「上気元」でいるといいことばかり起こる！

「人生は波動だ」というお話を前項で書きましたが、最高の波動とは『上気元』です。

普通は「上機嫌」と書きますが、一人さんの場合は「上気元」です。

私たち弟子は、師匠である一人さんのご機嫌をとったことがこれまで一度もありません。一人さんに出会ってからもう二〇年以上も経ちますが、不機嫌な顔を見たことはなく、一人さんはいつでも誰よりも上気元なのです。そしていつも楽しい話で私たちを上気元にしてくれます。

機嫌には、「不機嫌」「中機嫌」「上気元」の三種類があります。いつも不機嫌な人は、不機嫌な出来事が起こります。機嫌が良かったり悪かったりする人は、普通の人なので普通のことしか起こりません。

この世の中はたいていが不機嫌か中機嫌の人なので、いつも上気元な人は光輝いているから、天から神さまがすぐにみつけて味方をしてくれるので怖いものなし、いいことがどんどん起こります！

とは言っても、上気元だから一人さんにはイヤなことがまったく起こらないのではありません。それどころか、一人さんのところには仕事の問題や、相談事などが山ほど持ち込まれます。

それを一人さんは楽しみながら次々と解決してしまうのです。イヤなことが起こっても、「いい修行になった」「これで魂がひとつ上にいけた」と、しあわせなほうに自分の『意志』で舵《かじ》を切って上気元でいるから、しあわせな奇跡が起こるのです。

一人さんは私にこう教えてくれました。

「はなゑちゃんの人生は、はなゑちゃんが主役なんだよ。だからオレや他の人はみんな脇役なんだ。はなゑちゃんは、どんなドラマの主役になりたいかい？ オレの人生はね、楽しくてしかたのない喜劇だって決めているんだ」

一人さんは子どものころから病弱だったそうです。でも、神さまは絶対に自分を困らせるようなことはしない。ちゃんと意味があって病気を自分に与えてくれたのだと思って、病気を利用して『まるかん』という会社をつくり、生涯納税累計額が日本一の大金持ちになれたのだと言います。

いつでも楽しく上気元な波動でいる一人さんには、神さまからのご褒美がいっぱいきて、出す商品、出す商品、すべてがスーパーヒットです。そして最近、さらに奇跡のようなすごいボーナスがきたのです！

これまでは、私が「一人さん、遺伝子が若返るっていうものが見つかったらしいよ！」と言うと、その商品を取り寄せてみてしばらく実際に試してみます。でも、「なんだかあまり効かないわね」となると、一人さんは「それじゃ、効かないよ」と言って、パパパッと配合を考えて業者さんに商品の試作を依頼すると、ものすごく効く商品ができていたのです。

でも、最新の三商品は何の努力もすることなく、業者さんからこんな商品はいかがですかという提案がきたのです。もう、この威力がすごいんです。だから、これは神さまが勝手にもってきてくれた、「天使のボーナス」と呼んでいます。

みっちゃん（弟子仲間のみっちゃん先生）は六kgやせたし、真由美ちゃん（宮本真由美社長）はいままでの人生でいちばんウエストがくびれています。

なんと、私は『歯磨き○△◆』を顔にぬったら、プロのメイクさんから、「肌の毛穴がなくてツルンとした陶器みたい！」と褒められました。

喜んでいる私たちに一人さんは言いました。「『歯磨き○△◆』にそんな威力があるなんて、自転車を買ったらベンツがついてきたような、すごいおまけだよな。神さまはイタズラ心でオレたちに楽しいプレゼントしてくれたんだよな（笑）」（これは私個人の感想で、効果効能を謳ったものではありません）。

上気元でいると、人生が楽しくて仕方なくなります。あなたの人生の舵を握っているのは他でもない、あなた自身です。ところが、あなたがいつでも上気元でいようと思っても、人生には多かれ少なかれイヤなことが起こります。たとえば、満員電車で足を踏まれたり、自転車がぶつかってきたり。職場では上司や同僚が、家庭では旦那さんや奥さんがイライラしたり、ブスッとした顔をしたりしていることもあるでしょう。そうすると自分もなんだかイライラしたり、不機嫌になったりしてしまいがちですよね。

でも、他人の機嫌に絶対に惑わされないでください。だって他人は他人の都合で機嫌が悪いのであって、あなたまで機嫌が悪くなって不幸になる必要はないのです。機嫌がよいのも悪いのもその人の生き方です。だから、他人の生き方を変えようとしたり、左右されたりするのはおかしいのです。

他人の機嫌をとってもダメですよ。巻き添えをくってあなたの機嫌が悪くなったり、具合が悪くなったりするだけ。やるだけムダです。

それよりも、あなたはただ上気元でいればいいのです。しばらくすると機嫌の悪い人は居心地が悪くなっていなくなるか、あなたのように上気元になります。

いつでも上気元でいることを習慣にして、しあわせな奇跡をどんどん起こしましょうね。

自分次第で、喜劇にも悲劇にもなる!

樹齢七二〇〇〇年といわれる有名な屋久島の縄文杉は、その姿を見るのに往復で約一〇時間もの登山が必要なのにも関わらず、老若男女問わず多くの人が訪れています。屋久島では森林伐採が盛んに行われていた時期があったものの、縄文杉は切られずに生き残ることができたのには理由があります。それは、幹にできたコブです。

加工に適した木というのは、できるだけまっすぐ生えているものです。ところが、縄文杉には凸凹したコブがたくさんあり、加工しにくいので使いものにならないため、切られることなく残されたのです。コブのおかげで縄文杉は何千年という年月を生き抜き、みんながひと目見たいとやってくる大木となりました。

「『無用《むよう》の要《よう》』といって、人間には無用のいびつなコブが杉にとっては長生きする条件になったんだよ。こんな風に一見、欠点のように思われるものが、そのおかげでいいことが起きるということが、実はたくさんあるんだよ」と、一人さんは教えてくれました。

たとえば、アイドルグループでもデビューしたてのころはちょっと田舎臭くってザンネンな人のほうが、生まれながらに美人な人よりも目立つためにダンスを一生懸命練習したり、メイクやダイエットをがんばったりするから、ぐんぐんあか抜けてナンバーワンの座につくことができるのです。

一見、ザンネンなところがあることは悲劇のように思うかもしれませんが、
そのおかげで努力をし、喜劇に変えることができるのです。

第2章

「楽しい」を選ぶ。

「どっちが楽しいか？」で決めると上手くいく！

あるとき、一人さんが「これから千年役に立つ話をするよ」と、満面の笑顔で現れました。

「はなゑちゃん、いよいよ魂は第三段階に入ったよ。だから、『どっちが楽しいか？』を判断基準にするとすべてがうまくいくんだよ」。

魂の第一段階は、強い人が天下をとっていた時代。いちばんケンカの強い猿が猿山のボス猿になるのと同じようなしくみですね。いい人か悪い人かはあまり関係なくて、とにかく「強い力のある人」が組織を統率していました。

なぜなら、狩猟時代ですから一人では獲物を捕まえることができません。集団で狩りをしなければいけないので、飢え死にしないためには強い指導者に従うしかなかったのです。

やがて農業の時代に入ってもこの構図は変わりませんでした。田畑に種をまくには時期があり、タイミングを逃すとお米も野菜も実らないので、やはり統率力のある人が指導しなければならなかったのです。そして戦争が絶え間なく続き、皇帝とか殿様とか、絶対的権力者が組織を統率する時代が長く続きました。

魂の第二段階に入ると今度は強い人ではなく、「正しい人」の意見を聞くようになりました。ここからは、ようやく人間らしい時代ですね。だって、動物は、「どちらが正しいか?」なんてまったく気にしませんから。だから、学校や職場で弱いものいじめをする人は、動物と同じってことです。

この「どちらが正しいか?」とは、「人を殺してはいけない」とか、「人の物を盗んではいけない」というような倫理的なことです。

この段階では、正しい人の意見を聞くようになったので、勉強をがんばってテストで正しい答えを出していい大学を出た人が出世しやすかったのです。

ただし、勉強ができることと正しい判断ができることは別物だということがだんだんとバレてしまったんですね。

そして第三段階となる二一世紀は、魂の時代です。一人さんは言います。

「二〇世紀まではスポーツでも勉強でも、苦しみを乗り越えてがむしゃらにがんばった人たちが優勝できたけど、いまはスポーツでも勉強でも楽しみながらがんばったところが勝利するんだよ。ただがむしゃらにがんばっただけでは、なぜか優勝できない。それはなぜかっていうと、魂の時代になったから。時代が変わったんだよ」

一人さんが教えてくれるように二一世紀の判断基準は、「どちらが楽しいか?」です。「人を殺してはいけない」というような、何が正しいかということはもうある程度みんな理解できるようになって、魂の夜明けとなったのです。「どちらが楽しいか?」とは、たとえば、一人さんは商品のネーミングをするとき、『スリムドカン』『ワカスギール』『そこどけダイエット』というように、いかにも効きそうで、聞いているだけで楽しくなっちゃうような名前を考える天才です。そこには一人さん流のこんな考え方があります。

「いいものだから売っているんだよ。中身のよさは変わらないんだから、ネーミングは楽しいほうがいいよな。人生もそうだけど、もっと楽しく、もっと楽しくというように楽しさをメインにしていかないとだんだん苦しくなるんだよ」

分かれ道に来たとき、何か困難なことが起こったとき、楽しい道がぜったいにあるはずです。ところが、正しいほうを選ぶと、苦労が山のようにあってたいへんな目にあってしまいます。ここでいう正しいこととは、世間でいう「常識」のことです。一人さんは言います。

「常識以上の楽しい道があるんだよ」と。

だから、私は一人さんが教えてくれたように、いつでも楽しいほうを選ぶようになりました。おかげで毎日がめちゃくちゃ楽しくて、とってもしあわせです。

あなたも私も、みんな経験の足りない神さま

そもそも、「『魂』って何だろう?」という人もいますよね。ここで一人さんから教わった魂についてのお話をします。

人のなかにはそれぞれ神さまからいただいた「分《わ》け御霊《みたま》」が入っています。これが「魂」です。すべての人のからだという器の中には、分け御霊という神さまがいる。だから、みんな一人ひとりが神さまなんです!

魂の夜明けである二一世紀は、「大人も子どもも、すべての人が神さまだと

いうことをまずしっかり心に留めておくんだよ」と、一人さんは言います。神さまといっても、完璧な神さまではありません。私たち人間はみんな等しく経験の足りない未熟な神さまです。未熟だからこの世にさまざまな経験をしにきているのです。毎日毎日いろんなことが起こるのは、そのことで魂が成長するようになっているのです。

私たちは人を批判して人を変えるために生まれてきたのではなく、自分の未熟なところを成長させるために生まれてきました。そういうことをわかりながら、誰よりも楽しく生きる。

楽しくないときというのは、自分が悟らなければいけないのに人のことをかまったり、人のことを心配したりしている。それは、自分のほうが優位だと思い込んでいるからなのです。

「自分だってそんなに偉くはないんだよね。オレも五年前、一〇年前、二〇年前の判断って、いまならもっといい判断ができるのにできなかったの。だけど、反省とか悔やむ必要はないんだよ。だって、そのとき最高だと思ってやっているんだから」と一人さんは言います。


二一世紀になると、いままでの子育ても、人間関係もうまくいかなくなります。なぜかというと、これまでは人間同士の問題でしたが、いまはお互いに神さまだということに気づいた時代に入ってきたので、いままでうまくいっていたことがうまくいかなくなるのです。

子育ての仕方、会社の勤め方、社長としての心構え、もう何から何まで違ってきます。

どう違ってくるのか、子育てについては後ほどこの章で、仕事については3章でお話しします。

なぜ人は何回も生まれ変わるの？

人は何回も何回も生まれ変わります。来世もあれば、前世もあります。肉体は物質なので、家と同じように年が経てば経つほど古くなり、やがて死を迎えます。ところが、魂は死にません。だから魂は何万年も前のアメーバだったころからの膨大な記憶を、ぜ～んぶもっているのです。

近ごろアメリカでは、一〇歳のときはどうだったとか、三歳のときはどうだったとかいうように、催眠術をかけてどんどん記憶をさかのぼっていく『退行催眠』という実験もおこなわれています。

するとどこの村で生まれて何歳で死んだというように過去世のことを話し出す人がいっぱいいるのだそうです。実際にそこに追跡調査に行くと、「ここは○○おじさんの家だ」と言ったりして、調べてみると事実だということがわかってきたのです。

この話は信じても信じなくてもいいですよ。でも、科学的に調べるアメリカにおいて、ちゃんと立証されていることなのです。

「人間どうせいつかは死ぬのだから、法にふれなければ少々悪いことしたって大丈夫」なんて、甘い考えは大間違い。悪いことをした人は、今世では罪にならなくても、死んだらまっすぐに臭くて汚～い地獄行きですよ。そして、かならず来世で悪いことが出てきてしまうのです。

では、「人は何のために何回も生まれ変わるのか？」というと、やり残したことがあるからです。そのやり残したことは何かというと、「魂の成長」です。成長といってもからだが大きくなるというような目に見えることではなくて、「まともになる」こと。つまり、「愛が大きくなる」ということなんです。

魂の初めの段階では、自分を愛している。たとえ人を殺しても、自分は死刑にはなりたくないというのが、自己愛。やがて魂が成長すると、自分も大切だけど他人も大切だということがわかってきます。

だから、最初は人の悪口を陰で言っていても、やがて自分が言われるとどのくらいイヤかが身にしみて理解できるようになる。そして、もう人の悪口を言うのは絶対にやめようと、心底思うと悪口を言われなくなるのです。

このように、「よいことをすれば、よいことが起こる（＝ダルマ）。悪いことをすれば悪いことが起こる（＝カルマ）」というように、原因があるから結果があるのだということを『因果』といいます。この因果によって魂は成長するのです。

因果はけっして怖いものではありません。オレンジをしぼれば、オレンジジュースができるのと同じです。つまり、原因があって結果があるということ。

あなたが前世でやったことが今世で出てくるのですから、かならず自分で刈りとらなければいけません。あなたに代わって誰かがおトイレに行くことはできないように、人の問題を背負うことはできないのです。

とはいっても、今世ではコレとコレとコレを解消してきます、と自分が背負えそうなものしか持ってこないので、必ず因果は解消できます。

この一人さんの『因果の法則』を知ると格段に人生が楽しくなります。

「泣き面にハチが刺す」のはなぜ？

何度も不幸が重なることを、「泣き面にハチが刺す」と言いますが、不幸そうな人には、なぜか不幸なことが次々と起こります。一人さんによると、これにもちゃんとワケがあるそうです。

たとえば、自分は兄弟にうまく利用されていると思っているとします。そうすると、利用している相手に対して腹がたちますよね。ところが、『因果の法則』では相手が悪いということはありません。責任は全て「自分」にあるのです。

それはなぜかというと、何か頼まれごとをしても、「いや、今日は用事があって行けないわ」と、断ればいいだけなのです。自分が断れない波動を出しているから、そういう波動を嗅ぎつけて利用しようという人がきてしまう。花に蜜がたまるからミツバチがくるのであって、ミツバチがきたから蜜が出るのではないのです!

さらに言うと、その利用しようとしている相手は、何回も断るタイミングをつくってあげようとしているの。だから、「行けないわ」とその人が断るまで、何回もいじわるなことを（断れない波動を出している人に）させられてしまうというわけです。

では、因果をきっぱりと断ち切る方法を教えますね。

まず深呼吸して落ち着きましょう。そして、「今度の土曜日は私、行けないの。申し訳ないわね」と、冷静に言うのです。逆上して泣きながら言うのは、相手を責めているのと同じことなので通用しませんよ（笑）。自分を被害者みたいにしてはダメなのです。自分が出した波動にその人が出てきたのですから、冷静に断れたら因果解消となって因果は消えます。

そうでなければ、一匹のミツバチがいなくなってもまた次のミツバチが蜜のニオイに誘われて飛んでくるように、その人との付き合いはなくなっても、また違う相手が現れてしまうのです。

「それを『泣き面にハチが刺す』と言うんだよ。困ったことが起きて泣き面をしていると、またいじめられる。それは元々自分が出している波動で、こういうことはイヤだと言えたとき、因果が消えるんだ。なぜかって言うと、魂の成長のために困ったことが起きているからなんだよ」と、一人さん。

結局、利用しようとするような人を自分が呼んでしまっているので、原因は自分にあるのです。

家族で助け合うことがほんとうのしあわせ？

魂の時代の夜明けである二一世紀になると、子育ての仕方も変わると先の頁でお話ししましたが、いったいどう変わるのでしょうか？

二〇世紀まではお互いを人として見ていましたが、二一世紀は魂の時代なので、お互いを神さまとして見ることが大切です。だから、神さまが一生懸命にやろうとしていることにいちいち口を出してはいけないのです。

つまり、「個人の責任」です。

二〇世紀までは「連帯責任」だったので、家族でおかしな人が出ると、親や兄弟までおかしいと思われてしまいました。もし、妹が人を殺したら、それは妹の問題です。だから犯罪を犯していないお姉さんに責任をとれというのはムリな話。親が泥棒でも、泥棒にならない子どもは偉いのです。

親は親がやったことの責任をとる。子どもは子どもでやったことの責任をとる。それが二一世紀からの時代の人間関係であり、子育ての仕方です。

「ここが池だとして、魚がいっぱいいる。もし池が干上がってくると、水が残っているところに魚は集まっていく。もっと干上がってくると、全員が口からあぶくを出す。これが『助け合い』の世界だよ。

たとえば、いちばん上のお姉ちゃんは貧しいから大学にいくのをやめて働くとか、いちばん下の弟は妹の面倒をみるとか、妹はお母さんのごはんの手伝いをするとか、みんなで助け合うよね。でも、豊かになると助け合わなくていい世界がくるんだよ。

いまは豊かな時代だから池の中の水がいっぱいになると、魚は好きなほうに動き出すんだ。実はお姉ちゃんはファッション関係にいきたいとか、弟はレーサーになりたいとか、妹は作家になりたいとか、てんでバラバラ自由になる。だけど、責任はひとりずつがもたなきゃいけないよ、というところまで魂が成長してきたんだ」と一人さんは教えてくれました。

家族一人ひとりがしあわせなら、助け合いは必要ない。お互いを尊重することが大切です。二一世紀は魂がようやくそこまで成長したのです。

子どもが経験したいことをやらせ、そっと見守る

子どもという神さまは、いろんなことを経験するために生まれてきました。

だから、「親が『子どもに、こうなってもらいたい』というのは、ほんとうはいけない」のだと一人さんは説きます。

なぜなら、「こうなってもらいたい」という考えは、親が子どもより自分のほうが優秀だと思っているから。子どもを産み、ごはんを食べさせ、屋根のある部屋に住まわせる、という最低限のことをして愛を注ぐのはいいのです。

でも、その子が何を経験したいかはその子の自由です。

親は失敗させたくないけれど、子どもは経験したい。だから、「それはダメに決まっているでしょ！」と、子どもが何かをやる前から頭ごなしに制限して、親が選択権を奪ってはいけないのです。親はそのことを経験しているけれど、子どもはまだしていないので経験したいのです。

たとえば、子どもが裸足で外に出たがるとしますよね。でも、親は何か危険なものを踏んづけて足をケガするといけないから、「ダメよ、ケガしちゃうじゃない！」と止めます。でも、それは親の意見です。

そうではなくて、「足が痛かったら戻ってきて、足を洗って靴を履くのよ」と声をかけて、やりたいことを経験させてあげる。子どもがこの世で経験したいことを選択し、その結果に子ども自身が責任を追うのを親は見守るのです。

それ以上の子どもの教育ってないんですよ。

もし、子どもが薄着で外に出ていったら、「薄着で表に出ていったら風邪ひくじゃないの！」というのは、親の意見です。

そうではなくて、「表に出て調子がよければいいけれど、寒かったら洋服を着に帰ってくるのよ」と声をかけてあげればいい。だって薄着のほうが、調子がいいかもしれないのですから。

どんな風に育ててもその子がしあわせになるか、不しあわせになるかは誰にも決められません。なぜなら、一人ひとりが神さまだから、自分で判断して決めるようになっているのです。

いま振り返ってみると、私の両親も「はなちゃんがやりたいなら、そうしな」と、いつでも私の意志を尊重し、個人の責任に任せて育ててくれました。

たとえば、私は朝起きるのが苦手でママに「朝起こしてね」とお願いしていたんです。最初は約束なので、「はなちゃん、朝よ」と怒らず起こしてくれる。「うん」と返事をしたものの私が起きてこないので、ママは何度も声をかける。ところが、自分で起こしてと頼んでおきながら、「もうわかった！」と逆切れぎみに言って、それでも私は起きない（笑）。

ママは遅刻するといけないと思って一生懸命起こそうと、そういうやりとりを何回かくり返しているとパパが、「ほっとけ、ほっとけ」と言うのです。怒るわけではなく、「遅刻してもいいなら起きないし、遅刻して先生に怒られるのがイヤなら起きるから、一度声をかけて返事したからもう約束は果したのだからほっとけばいいよ。遅刻してまずいことになっても、それで学ぶから」と。

こんな感じで、私はいいことも悪いことも、すべて自分で経験させてもらったおかげで、納得しながら育つことができたのです。

未熟な親というのは、自分がうまくいかなかったから子どもに依存して自分の所有物みたいにしてしまいがちです。たとえば、自分が医者になりたかったけれど、なれなかったとしたら医者にさせたがる。芸能人になりたかったのになれないと、自分の子を芸能人にさせたがる。子どもに過剰に期待をかけてしまうんですね。

子どもも同じ考えならしあわせですが、そうでなければ苦しくなって暴れるのです。

虐待の因果を解消するには？

あるとき、テレビで虐待について語られていた話を一人さんに尋ねました。

「ねえ一人さん、虐待をされた子って、親になると虐待する率が高いんだってね」と、私が言うと一人さんはこう答えました。

「そうじゃないよ、はなゑちゃん。自分が虐待されたからするんじゃなくて、前世で自分も虐待をしたことがある魂だから、虐待する親のところに生まれるんだよ。そのことがよほどイヤだと身にしみて悟った人だけが、自分が親になったときに自分の子どもに虐待しないんだよ」

この話を聞いたとき、私はなるほどとは思えませんでした。「虐待するような魂だから、虐待する親の元に生まれるの⁉」と半信半疑のまま、いろいろな話を見たり聞いたりするうちに、だんだんと一人さんの言っていたことはほんとうだなと思えるようになりました。

「暴力を止めようと思ってもどうにも止められないんです」と涙を流しながら一人さんに訴える小学校の娘さんをもつ親の姿を見たことがあります。

一人さんの教えを勉強して、虐待を止めたいのだけれど、つい子どもにやってしまう自分がいる。いけないことだと思いながら、何度もくり返す。

すると、その子どもはほんとにいい子なのだけれど、親から虐待されてエネルギーをとられるものだから、学校では弱い子をいじめてしまう。そういう悪循環が起こってしまうのです。

「ソウルメイト」と言われるように、魂はグループになっています。奥さんが前世では旦那さんだったり、旦那さんが前世では息子だったり、というように魂はいちばん学びやすい配役を選び、同じメンバーでぐるぐる役割を変えてこの世に生まれてくるのです。

因果は罰ではありません。自分の中に、満たされていない空洞があるからいじめをしたり、暴力をふるったりしてしまうのです。

でも、愛で満たされていたら残酷なことはできないのです。その空洞は親から愛をもらえなかったと勝手に思っていることもあるし、与えられなかったという事実があるかもしれないけれど、自分で空洞を埋めるしかないのです。

逃げるが、愛

一人さんのところに、三〇代半ばの男性が相談に来たことがありました。

「一人さん、私は子どものころから兄貴と仲が悪くて、いまでも会うと必ずケンカになるんです。仲良くなるにはどうしたらいいですか？」

「あのね、兄弟だからってみんな仲がいいとは限らないんだよ。どうすればいいかと言うと、仲が悪い兄貴と会うのと、会わないの、『どっちが楽しいか？』で考えてごらん。それなら、会わないほうがいいよな」と、一人さんは笑顔で答えました。

親だから、兄弟だから、夫婦だから一緒にいなければいけないという考え方は、「どっちが正しいか?」で考えているのです。ケンカになるような相性の悪い相手と会っていると、最悪の場合、ケンカがエスカレートして殺人事件にまで発展しかねません。

そんな大袈裟な、って思うかもしれませんが、親族間の事件って世の中には山ほど起こっていますよね。もし、会わないという選択をしていれば、相手だって人殺しにならずにすむのです。

だから、ちょっと避ければいいんです。あなたが道で歩いているとき、前から車が猛スピードであなたに向かって突っ込んできているのに避けないと、ケガをするか死んでしまいますよね。そんなふうに、相性の悪い人も避ければいいんです。それなのに、ムリして会いに行くのはケンカを売りにいっているようなものです（笑）。

よく結婚している女性で、夫から暴力を受けているのに「あの人はほんとうはいい人なんです」と、耐え忍んでいる人がいます。

でも、ほんとうにいい人なら、絶対に奥さんのことを平気で殴ったりなんかしません。

殴られていて楽しいですか？　楽しくなんかないですよね。あなたが逃げなければ、相手はどんどん悪い因果を積むことになってしまいます。

夫を殺人犯にする前に、一刻も早く全力で逃げればいいんです。逃げるが、愛です。

会いたくない人とは、会わなくていい

嫁姑の問題も同じです。

「夫の実家に行くと、お姑さんからいつもお小言を言われるからイヤだ」と泣き言を言いながら、なぜか夏休みや冬休みになるとかならず夫の実家に帰省する人がいます（笑）。嫁の立場だから行かざるを得ない？　いいえ、そんなことはありません。

私は結婚するつもりはありませんが、もし結婚したとして旦那さんの実家に

遊びに行くとするなら、まずそこを居心地のよい場所にします。相手を尊重して、批判はしない、どうでもいいことは譲る。これで居心地が悪くなることはまずないでしょう。

たとえば、台所に嫁姑が二人で立つから衝突が起こってしまうのです。私なら料理を作ってくれたり、片付けをしてくれたりしたらとてもありがたいので、「お義母さんどうぞ」と譲ります。

「まったくうちの嫁は台所にも立たないで」とか言われるなら、そのお姑さんもほんとは台所仕事をしたくない人なのかもしれません(笑)。それなら、「たまには外食しましょうよ」って、誘えばいいんです。

それでも納得がいかなければ、「そういう言い方はないんじゃないんですか、お義母さん」って、明るく可愛いらしく言えばいいのです。それでもダメなら、夫の実家に行かなければいいんです！

一人さん曰く、「姑さんだってほんとうは来てもらいたくないんだよ。どうせ行っても文句を言われるなら、行かないほうがいいよな（笑）」

まさしく、その通りだと思います。ただし、「行かないほうが楽しい」と決めたら、しっかりとフォローすることも大切です。

「体調が悪くて行かれなくてすみません。みなさんで美味しいものでも食べてください」と、手土産と一緒に二万円でも包んで夫に持たせてみてください。間違いなく、夫の実家であなたの悪口を言う人はゼロです。

「キライなお姑さんにお金をあげたくない」「お金で解決するなんて間違ってる」なんて、いま心で叫んだあなた。何の心遣いもしないで悪口を言われないとか、そんなに人生甘くないですよ（笑）。

だって、結婚式にお祝いをしたいからといって御祝儀も包まずに行って、美味しいものをたらふく食べてきたら、どんなことを言われるかくらい想像つきますよね（笑）。

会いたくない人とは会わなくていい、会わないほうがいい。そして、自分のやりたいようにすると同時に、相手にも角が立たないようにする。

これが、一人さん流の楽しい生き方のコツです！

好きなことを仕事にする、ってほんとうにしあわせ？

よく、「自分の好きなことを仕事にしたい」「マンガを描くことが好きだから、マンガ家になりたい」と言う人がいます。「なぜ好きなことを仕事にしたいの？」と尋ねると、「楽しいことを仕事にできたらしあわせだから」という答えが返ってきます。

たしかに、好きなことをしてお金をもらえたらうれしいし、しあわせだと思います。でも、一人さんはこう答えました。

「マンガを描くことが好きだからってマンガ家になったらバカバカしいぞ。いまなら自分の好きなマンガをいくらでも自由に描けるだろ？　でも、マンガ家で食べていこうと思ったら、自分の好きなマンガを描けないこともあるんだよ」

マンガ家のなかでも、ほんとうに自分の好きなマンガだけを描いて稼いでいるという人は、ごくわずかでしょう。大半のマンガ家はたくさん売れるマンガ、たくさんの人に支持されるマンガを描くことを求められるので、描きたくないマンガを描かなければいけないときもあれば、気分がのらないときでも締め切りに間に合わせるために描かなければいけないこともあるのです。

プロのマンガ家になるんだと思っていくら描いても売れなくて、ツラくてツラくて人生がダメになりそうなら、意地を張らずに止めてもいいんです。ほんとうにマンガを描くことが好きなら、趣味で描けばいいのです。好きで止められないなら、他の仕事で生活費を稼ぎながらマンガを描けばいいのです。そうすれば、描いているだけで毎日が楽しくなります。

いまの時代、同人誌に描いたり、ネットで公開したり、自費出版したり、いくらでも発表する場はあります。「楽しいから止められない！」って描いていたら、ほんとうに才能のある人なら誰かの目にとまって口コミが生まれ、マンガ家の道が開けていくはずです。

よく「天職」を探している人がいますが、探しているうちはきっと見つからないでしょう。なぜなら、天職は探して見つかるものではないから。

たとえば、歌手の故・マイケル・ジャクソンみたいな人は、決めてきた人生だと思います。過去世で何代も何代も歌と踊りに磨きをかけて生まれてくるのです。けれど普通の人にはごめんなさい、さして才能はないのです。

だから、天職というのはいまあなたがいるところからがスタートです。目の前のやるべきことを楽しく一生懸命やっていると、誰かに「ちょっとこれ手伝って」と声をかけられたりする。それを楽しくやっていると、また新たな声がかかって、どんどん仕事が楽しくなる上にあなたのレベルもあがっていき、それが天職になるのです。

声のするほう、声のするほうに向かっていったら、いつの間にか富士山の頂上に登っているみたいな感じです。

キーワードは「楽しくやる」こと。だって、楽しそうでなければ、誰も一緒に仕事をしたいとは思わないので声もかけられないし、認めてもらえないのです。だから、いま目の前にあることに楽しく励みましょうね。

第3章

すべてを「遊び」にする。

仕事はゲームにする

私は専門学校を卒業した後、臨床検査技師をしていましたが、自分でお店をやってみたいと思い立ち、『十夢想家《トムソーヤ》』という喫茶店を経営していました。ちょうどそのころが私にとって人生初と言ってもいい試練の時期。

お客さんは数えるほどしか来ないし、食べていけるか心配で、親が毎週様子を見に来てはお店の売り上げを上げるために、みんなにごちそうをしてあげているような状況でした。

なんとかこの状況から抜け出したいと思って手にしたのが、当時話題になっていた『マーフィー100の成功法則』（大島淳一著）という本。そこで目を引いたのが、「あなたの人生は、あなたが心に思い描いたとおりになる」、という言葉です。

「心に思い描いたとおりになるなら、いいことばかりを思い描こう！」、そう心に誓った私はお客さんであふれる店内、楽しい笑い声、両親や仲の良い友だちの笑顔など、楽しいことばかり思っていました。そんなとき、白いジャガーに乗って現れた紳士が、斎藤一人さんです。

一人さんがお客さんとして二回目に来たとき、驚いた顔をしてテーブルの上に伏せてある本を眺めていました。私はその席に座りたいのかな？　と思い、「すみません、その席の方はいまトイレに入っているんです。よかったらこちらの席はいかがですか？」と声をかけました。

すると、「あー、いいんだよ、いいんだよ」と言ってすすめた席に一人さんは座りました。そのときなぜ一人さんは驚いていたかというと、最初に来店した際に自分が本を伏せてトイレに行った状態とまったく同じだったので、デジャブかと思ったのだそうです。しかも、それは同じマーフィーの本でした。

一人さんは考え方をいろんな人に教える際、説明するよりも本を読んでもらったほうが早いからと、そのマーフィーの本を三〇冊くらいカバンに入れて持ち歩いていました。

初めて同じ本を読んでいる人に会ったといたく感動してくれて、それから精神的な話や成功法則などを教えてもらうようになったのです。

「はなゑちゃん、いまのままじゃイヤなの?」

「もちろん、イヤです！　親を安心させたいし、お小遣いをあげるぐらいになりたいんです。だから、いまのままでいいなんて、とてもじゃないけど思えません。だから、成功したいんです」と私は答えました。

そんな私に一人さんは言いました。「それなら、まずは『お店の売り上げを一カ月に一万円アップさせるゲーム』をしてごらん。いきなり何十万円も売り上げを増やす方法は思いつかないけれど、それなら楽しいアイデアがたくさん出るだろう？」

一カ月で一万円ということは、一日の売り上げにすると三〇〇〜四〇〇円です。それなら楽しいことが山ほど思いつくので、いっぱいやったら売り上げがアップするなと考えました。

珈琲チケットを作ってみたり、レンタルでカラオケを入れてみたり、ゆで卵をテーブルに置いてみたり、私は思いつく様々なアイデアを試してみました。
もちろん、笑顔や天国言葉もです。

一人さんから教わったアイデアのコツは、「お金のかからないこと」「やってみてダメならすぐに止めること」という二つでした。その理由は、元手がかからなければたとえ失敗しても、損することはありません。

そして、やってみなければ結果はわからないので、とにかくできるだけ早くやることが大切なのだそうです。

私はまず、ゆで卵をテーブルに置いてみると売り上げはすぐにあがりました。けれど、来ているお客さんは同じなので、毎日食べているとすぐに飽きてしまうんですよね。これは売り上げ効果が続かないとわかったので、すぐに止めました。

珈琲チケットは一二枚綴りにして、一杯無料サービスにしました。チケットの紙を用意するだけですし、珈琲は一杯や二杯余分に入れたからと言って元手はたいして変わりません。お客さんがリピートしてくれる回数が増えたらいいなという気持ちでチャレンジしました。

その他にも、お弁当作戦やお花見、クリスマスパーティなど、ありとあらゆる楽しいアイデアを試しました。

こんな風に売り上げをあげるゲームをしているうちに、どんどん仕事が楽しくなると同時に、売り上げも次第に伸びていったのです。

仕事が楽しいとわかったら成功者！

一人さんは言います。「仕事がおもしろいとわかったら成功者だよ。人間っていうのはね、仕事というと適当にサボりたくなる生きものなんだよ。『仕事だから一生懸命やりなさい』って言うけど、仕事だからやらないの」。

人があまり来ないシャッター通りの商店の人たちは、「このままじゃダメになる」とみんなが集まって、「あれをやろう」「これをやろう」と意見を出し合っても、結局、賛同しないことが多いのです。なぜかというと、適当にサボりたいから。本音は、食べていける程度にお客さんが来てくれたらいいと思っているのです。

サラリーマンの人たちも、適当に仕事して土日はちゃんと休めて、食べていけるだけのお給料をもらえればいいと思っている人がほとんどです。

「でも、経営者の人は違うのでは？」って思いますよね。ところが、自分でお店をやるほうが勤めに行くよりもラクだと思ってやっていることもあるのです。これは仕事は適当にサボりたい、という人間の本質だから仕方がないのです。


一方、仕事はサボりたいけれど、マージャンは徹夜をしてでもやる人がいます。会社は遅刻するのに、休みの日になるとパチンコ屋が開店する前から並んでいる。仕事ではイヤなことをすべて部下に押しつけるのに、ゴルフは怠けずにやる。仕事の本はめったに読まなくても、ゴルフの練習場には行くんです。

なぜなら、遊びは楽しいから。だから、仕事も遊びにしちゃえばいいのです。

営業の人なら、「翌月の売り上げを一万円アップするゲーム」にして、セールスレターの書き方や電話の掛け方を工夫するなどして、お客さんを喜ばせる方法を考える。

会社のクレーム対応をする部署なら、「相手を何分で納得させられるかゲーム」にして、電話の出方を明るくしたり、うなずき方を工夫したり、じっくり相手の話を聞きながら納得させる方法をいっぱい考えているうちに、あなたはクレーム対応の達人になって出世することでしょう。

仕事で「あれがイヤだ」「これがイヤだ」と言っていたら、うまくいくはずなんてありません。だから、イヤなことはゲームにする。そうすれば、楽しみながら小さな改良をひとつずつ積み重ねて成功者になれるのです。

人を使う立場の人なら、「クビにするぞ！」と脅かすよりも、部下が「どうやったら楽しく働けるか？」という工夫をしてあげたほうがうまくいきます。

それが二一世紀の魂の夜明けの経営方法であり、人の育て方なのです。

ゲームとノルマは違う

この本を読んでくださっている方の中には、会社の経営者や、部下を持つ立場の方もたくさんいらっしゃると思います。そんな方に、ひとつ気をつけてほしいなと思うことがあります。

それは、「ゲームとノルマは違う」ということ。よく似ているけれど、ずいぶん違うんです。

では、ゲームとノルマはどう違うのでしょうか？

たとえば、社内で成績のいい営業部を表彰するとします。そのとき、一位の営業部は全員ケーキを食べられるのに、二位ではケーキを食べられないというのではダメです。一位のときは大きなケーキなら、二位のときはそれより心もち小さなケーキでお祝いする（笑）。なぜかというと、二位のときだって、五位のときだって、営業部の人はみんな一生懸命やっているんですもの。

まるかんでは定期的に売り上げ順位を発表しますが、たとえ最下位が一〇回続いたとしても一人さんから怒られることはありません。いつでも最下位から「バンザイ！」で表彰してもらえるんです。だから、楽しいゲームとして仕事ができるのです。

ところが、五位以下は怒られるとなると、お尻を叩かれながらイヤイヤやるようになるので、『ノルマ』になってしまいます。人はノルマを楽しむことはできないので、苦しくなり、やめたくなってしまうことでしょう。

マラソンでは最後のランナーがいまにも倒れそうにヨロヨロしながらゴールに向かって走ってきたとき、観客から拍手で大きな声援が送られますよね。あんな風にがんばりを称えられたら、嬉しいし、また次もがんばれる。

これが、自主的に参加して最下位でも褒められる『ゲーム』です。仕事がゲームになれば、人は楽しいから放っておいてもジャンジャンがんばるのです。

どこかでゲームをノルマに変えてしまう人。そういう人は、「人は働くのがあたりまえ」と思っているんです。働くのはあたりまえだけど、人間はもともと仕事は適当にサボりたいのです。

人はちょっとしたことで一生懸命働くし、ちょっとしたことでやる気をなくしてしまいます。やる気を出させるには千の言葉がいるけれど、たったひと言でミルミルやる気はなくなってしまうものなんです。だって、人間はもともとサボりたくなる生きものだから（笑）。

「部長からこんなことを言われたからカチンときちゃって、もう仕事をする気がなくなっちゃった」なんて人のせいにしていても、本音はサボりたいからやらないでいい理由をずっと探していただけ。

だって、もともとやりたいことなら、人に何を言われたってやるんです。だから、ゲームをノルマに変えては絶対にダメですよ。

起きた問題はクイズにする

一人さんは、仕事でどんな問題が起きても笑顔でパパパッとすぐに解決してしまいます。「どうしてそんなことができるの？」と疑問に思い、尋ねてみました。

「一人さんは問題が起きたときでも、どうして笑顔でいられるの？」

「それはね、問題じゃなくて神さまがオレに出してくれた『クイズ』だと思っているからだよ。学校の勉強はキライだったけど、クイズは楽しいからスイスイ解けるんだ。だから、ムズカしければムズカしいほど楽しくなっちゃって、笑顔になってしまうんだよ（笑）」と、一人さん。

たしかに、問題だと思うとイヤだな～と暗い気分になって逃げ出したくなってしまいますよね。でも、クイズなら夢中になって楽しく解くことができます。明るい笑顔で考えた答えなら、出てくる答えも明るく楽しいものになるのです。


たとえば、ケーキ屋さんでパティシエとして働いているとします。業者に注文したはずの卵がひとつも届きません。そのとき、「卵が届かない。困った、困った」と頭を抱えていても何の解決にもなりません。業者に怒鳴ったところで、卵は届きません。

それよりも、「これは卵を使わない商品をつくるクイズだ」と思って楽しく考えてみる。すると、「豆乳ならストックがたくさんあるから、卵を使わない豆乳プリンはどうだろう？」というように解決方法が見つかります。

その商品がアレルギーで卵を食べられない人にも人気となり、お店が繁盛することだってあるのです。

クイズには、かならず答えがあります。そして、楽しくクイズを解けば、神さまがちゃんとご褒美をくれます。そして、次の段階にステップアップできます。一見、クイズはだんだんムズカしくなっていくように見えますが、かならず、あなたに見合ったものが出されます。実力がついているあなたには、どんどんカンタンに解けるようになるのです。

そうやってどんどん楽しくクイズを解いていくうちに、あなたはたくさんのご褒美を神さまからもらえるのです。

楽しいお祭りでやる気を出そう！

まるかんには「お祭り」がいっぱいあります。年初めの出陣式にはみんな法被《はっぴ》を着て、旗を掲げ士気を高めます。その他、新商品が出たらお試し祭り、祝賀パーティなど、お祭りのときにはみんな思い思いにドレスアップしたり、歌を歌ったり、ダンスを踊ったり、一丸となって思う存分楽しむのです。

もちろん、このお祭りは一人さんに「やらされている」のではなく、むしろ弟子たちが中心になって盛り上げています。「このお祭りを楽しみに、仕事をしている」という人も多いのです（笑）。

人はお祭りが大好きです。お祭りは、仕事をがんばったご褒美であり、楽しいお祭りがあるからこそ、それを励みにがんばれるのです。
お百姓さんたちは生きもの相手ですから暑い日も、雨の日も、風の日も、休むことができません。朝から晩までからだを使って働いて、とっても大変です。だから、田植えの春には御田植祭、実りの秋には収穫祭というように、むかしから楽しいお祭りがちゃんと用意されています。

かつて天照大神が天の岩屋に閉じこもってしまったとき、岩屋の前に集まった神々たちはどうやったら天照大神が岩屋から出てきてくれるか相談しました。ある神さまの発案により、岩戸の前で踊ったり、歌ったりして楽しそうにしていると、「何をしているんだろう?」と天照大神はそっと岩戸を開けたそうです。神さまだって、楽しいお祭りが好きなんです。

お百姓さんだって、サラリーマンだって、会社の経営者だって、お店屋さんだって、どんな仕事も大変です。第一、もともと人は適当にサボりたい生きものなんです。だからこそ、仕事をゲームにし、ご褒美にお祭りをして、楽しく働く工夫が必要なのです。


それからもうひとつ、最高に人が働く気になるのは、「使命感」だと一人さんは言います。人はつまらなく生きるよりも、「世のため人のためになっているんだ」という使命感をもてたら、最高なんです。

「使命感ってどうすればもてるの？」という人は、自分が働くことで大好きな人が笑顔になっている姿を思い浮かべてみてください。お米をつくっているお百姓さんなら、大好きな人が笑顔でごはんを食べている姿を。家を建てている大工さんなら、自分の建てた家で大好きな人が楽しく過ごしている姿を。道路工事をしている人なら、大好きな人がドライブしている姿を。

働くというのは、傍《はた》が楽になることなんですよ。大好きな人が楽になっていると思うと、俄然やる気が出ませんか？

もし、会社の経営がうまくいっていない、部下がついてこないというのなら、そこには必ずうまくいかない理由があります。それなのに、「人は働くのがあたりまえだ」と言うけれど、あたりまえじゃないからみんなサボるんです。やりたくないことをやっていたり、食べるために仕方なくイヤイヤやっていたりするのです。

歌が得意な人が歌手として歌っている、書くことが得意な人が作家として書いているのはとてもしあわせなことです。でも、そういう人はほんのひとにぎり。九九・九%の人は自分の得意な職業についているわけではないのです。得意なことすらない人が、ほとんどといっていいのではないでしょうか。

でも、得意なことがない人でも一人さんのところでは、みんなイキイキ働いています。「それはなぜか?」というと、一人さん流のポイントがちゃんとあります。


「つまらない仕事をゲームにしていますか?」

「起きた問題はクイズにしていますか?」

「あなたの会社にはお祭りがありますか?」

「使命感をもって仕事していますか?」

この四つのことをやらないで、仕事がうまくいくわけないんです。でも、やればかならずどんどん仕事が楽しくなっていきますよ。

遊び上手で家庭も円満！

「仕事をゲームにする」という楽しみ方は、あらゆることに使えます。

たとえば、料理を一生懸命つくっても「美味しい」と言わない旦那さんなら、「美味しい！　と感動させるゲーム」にする。旦那さんの好きなレストランにオムライスの隠し味のつけ方を教わったり、ネットで評判のよいレシピを検索して試してみたり、楽しい工夫をしていたらいつの間にか料理上手な奥さんと評判になるでしょう。

共働きの夫婦で食後のお皿洗いはめんどうだから、どっちがするかでいつもケンカしているなら、「どっちがキレイにお皿を洗えるかゲーム」にする。奥さんよりもキレイに磨いて褒めてもらおう、旦那さんがテレビを見ているすきに先に洗って驚かせよう、そうやっているうちにお皿を洗うことが楽しくなっていきます。

子どもがおもちゃをちっとも片づけないなら、「何分で片づけられるかゲーム」にする。最初はだらだら二〇分もかかっていたのが、一〇分になり、三分になり、そのうち言われなくても片づけられるようになります。

しかも、子どもは楽しみながら片づけるのです。ガミガミ怒っているお母さんよりも、笑顔で楽しいお母さんのほうが子どもは大好きです。

こんな風にすべては楽しい「遊び」です。会社で楽しく遊びに変えてジャンジャン仕事をしていれば、出世します。家庭で楽しく遊んでいれば、夫婦関係も親子関係もうまくいきます。
みんな明るい笑顔で、その場が天国になります。

第4章

「からだの因果」を解く。

起こりもしないことを心配するから病気になる

「病は気から」と言いますが、ほんとうに気持ちの持ち方や考え方でいろんなところに病気が出ます。だから、「『その心配はいりませんよ』というお知らせが、病気なんだよ」と一人さんは教えてくれました。

これが、『からだの因果』です。

たとえば、大通りを渡るとき、左右を見て車がこないことを確認してから渡らないと、事故にあってしまいますよね。これは起こり得る恐怖です。だから、気をつけないといけないのです。

これから冬がきて寒くなるのに備えて、フリースを買いに行くとします。それで病気になることはないのです。なぜなら、過剰反応ではないから。つまり、恐怖に感じなくてもいいことを恐怖に感じると、病気になるのです。

病気というのは、自分のからだの中にいる神さまはそんなことは起こらない、ということを知っているから、「心配するのは止めなさい」と教えてくれる合図なのです。だから、実際に病気になったときは、何か心配しなくてもいいことを心配しているのです。

一人さんは子どものころから、からだがとても弱く、「二〇歳まで生きられないだろう」と言われていたそうです。病院で診てもらってもいっこうによくならない。からだが重くて立っているのもやっとなので、寝ていることが多い。

あまりにもツラくて、「自分でなんとかしよう」と思い、本をたくさん読んで健康になる方法を模索したそうです。

そうやってたどり着いた答えが、「人間のからだはシンプルなんだ。だから、カンタンに治るぞ」という考えでした。

2章でもお話しましたが、人間のからだは「肉体」と「魂」からできています。魂とは、つまり精神です。この二つしかないのですから、これらが変われば絶対にからだはよくなるはずだと考えたわけです。

まず、肉体は何からできているかというと、口から入れる食べものです。食べたものに含まれる栄養が、血液や何万もの細胞、骨、皮膚などの原料となっています。もし、お肉ばっかり、野菜ばっかり、ラーメンばっかりというように、栄養のバランスが悪いと血液が濁ったり、健康でない細胞ができたりして、病気になってしまうのです。

そのことに気づいた一人さんは、血液をキレイにするためにお酢を飲んだり、青汁を自ら作って飲んだりしていたのだそうです。

では、もうひとつの魂（精神）を元気にするには、どうすればいいか？　それは考え方を変えることです。「しあわせだな」「楽しいな」と、いつでも上気元でいる。「からだの具合はよくないけれど、おいしいごはんを食べられてしあわせだな」「あたたかいお布団で毎日寝られてしあわせだな」「今日も本が読めて楽しいな」と、一人さんは考えました。

そうやってしあわせなこと、楽しいことしか考えなくなり、食事のバランスを考えて食べるものを変えたら、からだの具合がどんどんよくなっていったのだそうです。人間のからだってほんとに正直だし、不思議ですよね。

次の項からは、「こういうことを考えていると、こんな病気になる可能性がありますよ」というからだの因果のお話をします。

もちろん、病気は病院で診てもらうことが大事です。その上で、もし読んでいてピンときて、「なるほどそうだな」と思いあたることがあるのなら、その考え方を止めると『からだの因果解消』となって痛みがとれたり、病気が消えたりすることがあります。

あなたもしあわせなほう、楽しいほうに考え方を変えてみてくださいね。

世間を気にするとひざが痛くなる

一人さんのところに相談に来た人が、からだの因果に気づいてその場で一瞬にして痛みや病気が治ってしまうという場面に、私はこれまで何度も立ち会ってきました。実は最近、私自身も一人さんのからだの因果の話ってほんとうに当たっているなと実感したことがありました。

それはひざの痛みです。

「一人さん、なぜだかわからないけれど、最近ひざが痛むの」と私が言うと、一人さんはこう言いました。「ひざが痛くなるのにもちゃんとワケがあるんだよ。何か世間のことを気にしていないかい？　自分を責めなかったかい？　栄養のこともあるけど、もうひとつは人のことを気にして一歩も前に進めないでいると、足が腫れたり、痛くなったりすることがあるんだよ」

一人さんの言葉を聞いて、私はすぐにピンときました。出版した本の評価が気になってインターネットを見て、気落ちしてしまった書き込みが一つだけあったのです。

「あのね、はなゑちゃんのことを批判している人は、精一杯の魂レベルで批判しているの。それ以上のことはできないんだよ。だから、その批判する人をやっつける必要もなければ、理解してもらう必要もない。はなゑちゃんの日常生活にはなんの問題もないいんだ。ひざが痛いのは何も起きないことを心配しているから、その心配を止めなさいという合図なんだよ。

オレだって神さまや魂の話をしたりすると、批判されることがある。オレの悪口をひと晩中言っている奴がいてもいいの。でも、オレはぐっすり寝させてもらうよ（笑）」

一人さんのこんな言葉に大笑いをしている間に、不思議なことにひざの痛みがスーッと消えてしまいました。いつもは脳天気な私ですが、気にしていないような素振りをしていても、ほんとはすごく気になっている自分がいる。世間のことを気にするのは短所であり、長所です。

なぜなら、「今日のメイクはどうだったかしら？」と気にする性格だからこそ、メイクもいろいろと研究して人に教えたり、本を出したりすることもできたのです。

かつて歌手の松田聖子さんが絶頂のアイドルだったころ、「私、週刊誌は読まないことにしています」と答えていました。

だって、週刊誌を開けばバッシングの嵐。でも、聖子ちゃんカットをマネする女の子だってたくさんいたし、出す曲はすべてヒットしていたのですから、何万、何十万人もの支持してくれるファンがいたのです。

たしかに、週刊誌を読まなければ批判が気になることはありません。批判の存在すら知らないのですから。

ネットの書き込みも同じです。たくさんの人が私の書いた本を読んで喜んでくれているのに、たった一人の批判する意見に萎縮してしまったら、その他の喜んでくれている人たちに失礼ですよね。

ささいなことをいちいち気にするから、目に入るのです。気になるなら、見なければいい。第一、その悪口を言っている人に会ったこともなければ、友だちでもありません。

意見はありがたく聞いて肝に命じますと思ったら、もう気にしない。人の意見をいちいち気にしていたら自分らしい本なんて書けなくなってしまいますから。

人生を存分に楽しみたいと思っても、人の目を気にしすぎて自分らしく生きられないという人もいっぱいいるのではないでしょうか。ほんとうにもったいないと思うんです。

まったく気にしないというのはムリかもしれませんが、人の目が気になるときは、「どっちが楽しいか？」で考えてみてください。

あなたが楽しいと感じるのは、人に批判されないような無難な色の洋服を着ているときですか？　それとも、自分の好きな洋服を着ているときですか？

他人の人生を背負うと背中が曲がる

もともと私のママは、私よりも背が高くてスラッとした人でした。でも、パパの看病などいろいろしているうちに、背骨が曲がって私よりも小さくなってしまいました。これにも因果があります。

私は一人さんから教わった、からだの因果の話をママにしました。

「ママちゃんね、因果的に言うと背中が曲がるというのは骨粗《こつそ》鬆症《しょうしょう》といってカルシウムが不足して骨が弱くなることが原因ということもあるけれど、それだけじゃないの。自分だけじゃなくて、パパのために自分が生きているみたいに、他人の人生も背負ってしまったよね。自分で耐えきれないから重くて背中が曲がったんだよ」と言うと、「そうかもしれない。パパは私がいないと生きていけないって思っていたわ」と、ママはハッとした顔で答えました。

人って誰かがいないと生きていけないなんていうことはないんです。パパもほんとうは自分で掃除をしちゃうような自立した人でした。

「パパのお世話をいろいろやり過ぎてしまったかもしれないよね。ママの心の中には、人に尽くすことが善というような考えがしみついているんじゃない？」と言うと、「そうかもしれない」と、うなずいていました。

いまはオシャレを楽しんだり、コンサートに行ったり、自分が楽しむことを許して心が解放されたので、ちょっとずつ背中が伸びてきています。

背中が曲がる因果には、もうひとつあります。子どもの背骨が曲がる側弯《そくわん》症という病気がありますが、父親をすごくキラっていると曲がってくることがあります。そして、その子の親の因果は何かと言うと、自分の父親をキラっているか、自分の働いている会社の社長をキラっている人が多いのです。

親子は魂でつながっています。だから、親の因果で子どものからだの具合が悪くなることがあるのです。

「一家の大黒柱」である父親、そして「会社の大黒柱」である社長をキラうと、「からだの大黒柱」である背骨が曲がってしまうのです。

親のこと、会社の社長のことをキラうのはもう止めにしましょう。と言いたいところですが、キラうにはキラう原因がかならずあります。

まずは、「〇〇さんをキラっている自分を許します」「そのままの自分を許します」と言ってください。そうすると、気持ちもからだもゆるんできます。

もし、親のことがイヤなら会わなくてもいいんです。会社の社長がどうしても好きになれないなら、会社を辞めてもいいんです。

そして、そのままの自分をもっと許してあげてください。とことん自分を許すと、人のことも許せるようになります。

つながる親子の因果

前項で親と子どもの魂はつながっているから、親の因果で子どものからだの具合が悪くなることがあることをご紹介しました。親子の不思議な因果は私にも経験があります。

私が中学生のころ、左手首の関節のところに痛くはないけれど小さくプクッとふくらんだガングリオン（腫瘍）ができたことがありました。そのことにも何かからだの因果があったのかな？　と思い、一人さんに尋ねました。

「そのころ、会社の従業員とかではなゑちゃんの父親がキラっている人はいなかったかい？」と一人さんは言いました。たしかに思い返してみるとその当時、パパの会社にすぐ怒るし、サボるし、遅刻はするし、やる気のなさがみなぎった顔で働く従業員がいました。でも、親戚だから辞めさせることができなかったのです。しばらくしてその従業員は辞めたのですが、ちょうどその時期と重なるように私のガングリオンはキレイに消えました。

一人さん曰く、「手先で使っている人で気にくわない人、キラっている人がいると手の先のほうにふくれがでる」のだそうです。

そして、私のように親の因果が子どもに出ることもあるのです。

一人さんのところには、子どもの病気の相談で訪ねてくる親も多いのですが、こんなこともありました。

「七歳になる娘がてんかんで、いつ発作が起きるか心配です。どうしたらいいでしょうか？」と、四〇代前半の女性は涙を浮かべながら一人さんに尋ねました。

「お母さんがどんなに心配しても心配しなくても、起きるものは起きるよ。だから、あきらめるの。あなたにはどうしようもできないよ。お母さんは心配なことにひきずられないで、オシャレをしたり、趣味を楽しんだりしてしあわせになりな」と、一人さんは答えたのです。その女性は「そうですよね」とうなずき、帰っていきました。

その後、いつもノーメイクでジャージ姿だった彼女は、メイクもしっかりして明るい洋服を着るようにしたそうです。そして、学生時代からの趣味だった社交ダンスを再開し、毎日笑顔で楽しく過ごしたと言います。

そうやって母親が心配を止めて笑顔が増えたころ、娘さんの脳波を病院で調べると、なんと、てんかんは治っていたそうです。

魂の世界で言うと、この母親と娘さんのように二人ともいろんなことがわからないで心配しているのは、暗闇の中で迷っている状態です。でも、母親が「どう生きたら楽しいか」ということがわかったら、母親が光になります。すると、娘さんも暗闇から抜け出すことができるのです。

魂の世界ですから、たとえ一緒に暮らしていなくても、遠くにいる人が光になって、その光に影響されて気がつくことができ、救われることもあるのです。

頭痛持ちの人、目上の人をキラっていませんか？

弟子仲間の忠夫ちゃんは、子どものころ頭痛持ちでした。父親は個人タクシーをやっていて裕福だったはずなのにガンを患ってしまい、母親が働いて一家を支えなくてはいけなくなってしまったのです。

そのとき、「なんでお父さん病気になんてなったんだよ」という思いが心の中にずっとあり、父親のことが許せなかったのだそうです。

でも、一人さんから頭痛持ちの因果の話を聞いて父親のことが許せたとき、霧がパッと晴れるように頭痛がなくなったそうです。

頭痛持ちの人、いわゆる偏頭痛のある人。

「目上の人で、あの人キライだと思っている人はいませんか？」

頭って目の上にありますよね。だから目上の人をキラうと頭が痛くなるんです。驚くことに、頭痛が右に出るか、左に出るかでキラっている人の性別までわかってしまうことがあります。

キラっている目上の人が男性なら、頭の左側が痛くなります。右側が痛いなら、目上の女性。目上の人をキライだと思うその考え方を止めると頭痛が消えることがあります。これが頭痛持ちの因果です。

それから、目の上や下にポチッとふくらみが出る人、ものもらいやおできもそうです。

「誰かうっとうしいなと思っている人はいませんか？」

うっとうしいと思っている相手が目上の人なら目の上に、目下の人なら目の下に出る。そして、頭痛と同じくその相手が男性なら左目に、女性なら右目にプチッと出ます。

うっとうしいなと思っている人の顔がパッと浮かぶなら、もうその人をうっとうしいと考えるのは止めましょう。ムリに好きになる必要なんてありません。

ただ、そのうっとうしい人のことを考えるのに、一秒たりとも時間を使わないことです（笑）。もし、思い浮かんでしまうなら、「うっとうしいと思っている自分を許します」と、その度に言ってください。そのうち思い浮かばなくなります。

「うっとうしい、うっとうしい」と言いながらキライな人のことを四六時中考えて苦しむよりも、大好きな人のこと、大好きな映画のこと、大好きなスイーツのことなんかを考えていたほうがダンゼン楽しいし、ハッピーですよね！

関節が痛くなる原因は、骨肉の争い⁉

肩の痛い人、肩こりのする人。

「親、兄弟、親戚、身内などで争ったり、キライあったりしていませんか？」

血のつながっている者同士の争いを、「骨肉の争い」なんて言いますよね。

関節というのは、骨と肉がつながっているところです。

だから、血縁者同士で争っていると痛くなることがあるのです。争いを止めると、痛みがスーッと消えてしまうことがあります。

争いを止めるには、距離をとるのがいちばんです。よく、「親だから離れることなんてできません」と言う人がいますが、親だからといって会わなければいけないという決まりはありません。

顔をあわせれば絶えず争っているくらいなら、むしろ会わないほうが親孝行ですよ。

離れていても、キライな人のことを思い出してしまう人は、「○○さんをキライな自分を許します」と、その度に言ってください。

そのうち思い出さなくなります。

人を憎むと、肉になって返ってくる！

実は、太っている人にも因果があります。それは、自分に罪悪感をもっているのです。だから、自分を許せないし、人を憎んでしまう。

たとえば、子どものころ父親に捨てられたAくん。父親に捨てられたのは自分が可愛くないからだとか、自分がいい子じゃなかったからだとか、勝手に罪悪感をもって自分を責めていました。Aくんは子どものころは太っていなかったのに、大人になってから太ってしまったと言います。

大人になって子どものころの心の傷のことはすっかり忘れているつもりでも、

トゲとしてずっと残っていて、それが要因となって太ることで目をそらしているのです。

もうひとつ、太っている女性特有の因果で可能性があるとすると、自分のことを女性として見られるのがイヤで、男の人に気に入られるような体型になりたくないという思いがあると、太るのです。表面的には自分はやせたいと思っていても、潜在意識のなかではそんな風に思っているケースもあります。

自分を憎むと、肉になって返ってくる。人のことを憎むと、それも肉になって返ってくる。憎むから、肉になって返ってくる。わかりやすくって、怖いでしょ?(笑) だから、いますぐやめて、自分を許して、人も許しましょう!

自分も許さず、人も許さないで、ただただ食べるものを我慢してダイエットをしてやせたとしても、リバウンドして元にもどってしまうんですよ。因果が逆襲を始めるのです。だから憎むのをやめて、因果を解消しましょう。

最近、こんなことがありました。私は一人さんから教わった太っている人の因果をYさんに話したのです。

「Yさん、子どものときのいろんなツライこと、たいへんだったよね。そのころの自分にね、『Yちゃん、よくがんばったね』って言ってあげたらいいよ」

すると、Yさんは号泣しながら言いました。

「私はその言葉を聞くためにずっと生きてきたような気がします。自分は許していると思っていたけれど、はなゑさんの言葉を聞いてほんとうに心のわだかまりがとけました。なんだか、全身の約六〇兆個もの細胞からブワーッと熱が出てくるような感じで、もう暑くってたいへんです!!」

私は自分の言葉にそんな力があるとは思わなかったので、驚くと同時にとても感動しました。ほんとうに自分を許したことで、きっと心のトゲが抜けてたまっていた恨みのようなものが溶けて消えたのでしょう。それからYさんはなんと体重が八kg、体脂肪率が九パーセントも減ったのだそうです。


太っている人に限らず、自分のことを許せない人は幼いころの自分の姿を思い出しながら、子どものころに呼ばれていた呼び方で、「○○ちゃん、よくがんばったね」と、声に出して認めてあげてください。

親や先生、友だちなどから言われた言葉など、何かしらで刺さったトゲが、自分のことを責めることで、どんどん太くなってしまっているのです。トゲが刺さったまま大人になってしまっているものだから、からだに不調が起きたり、太ったり、人生のじゃまになったりしているのです。

「〇〇ちゃん、よくがんばったね」という言葉は、自分で言わないと効果がありません。心のトゲを抜いてあげるのは、自分にしかできないのです。

言いたいことを我慢すると声が出なくなる

セキが半年以上も止まらないというＯＬのＭさん。とても仕事のできる優秀な女性ですが、新しくきた上司がとても抑圧的で、いつもガミガミ怒鳴っていると言います。

私は彼女に、「イヤな上司だよね。でも、イヤだイヤだって思っていてもその上司が変わることはないの。自分が苦しいだけだよね。言いたいことが言えないとセキが止まらなくなったり、声が出なくなったりすることがあるのよ。『上司にムッとしている自分を許します』って言ってごらん」と伝えました。

セキが止まらず声を出すのもやっとという症状にまでなっていたので、私の言葉を信じて言ってみようと思ったのだそうです。

次にMさんに会ったとき、彼女は言いました。「はなゑさんが教えてくれたように、『上司にムッとしている自分を許します』って何度も言ってみたんです。そうしたら、不思議なんですけど、上司のことがそんなにイヤじゃなくなったんです。そして、上司に笑顔で話せるようになったら、ニコッともしなかった上司が笑顔で話しかけてくれるようになって、怒鳴ることもなくなりました。それ以来、私のセキもピタッと止まりました！　ほんとうにありがとうございます」

胸が苦しくなるとセキが出ます。セキが出るときは、困っているか、言いたいことが言えないか。もしくは、世の中に押しつぶされそうになってくるとセキが止まらなくなるのです。なぜそういう症状が出るのかというと、からだからの合図なんですよ。

だから、がまんしなくていいんですよ。自分の気持ちを認めてあげてください。許してあげてください。

聞こえづらいのは、聞きたくないから

「左の耳が難聴で聞こえなくて……」と、相談に来た三〇代の専業主婦のSさん。私は彼女に、「思い当たらなかったらいいのよ。あなたの左側によくいる人か、もしくは男の人であなたが何か聞きたくないようなことを言う人はいないかしら?」と尋ねました。するとSさんは驚いた表情で言いました。「なんでわかるんですか? いつも主人はソファに座るとき左側に座っていて、『上司が働かないからオレばっかり損している』とか、『おまえは三食昼寝つきでいいよな』とかって、グチや文句ばっかり言うからイヤになっちゃうんです」

私は彼女に言いました。「グチや文句なんて聞きたくないよね。それはあたりまえ。『旦那をイヤになっちゃう自分を許します』って何度も言ってください。そして、旦那さんのグチを聞かなくてすむように、『いつもありがとう。上司の分まで仕事しているなんて、すごいね。今日も美味しい夕飯をつくって待っているからね』って言ってごらん。旦那さんは機嫌が良くなって、グチをあまり言わなくなるはずだよ」、と。

彼女は旦那さんに日頃の感謝の気持ちを伝えたそうです。そして、いまでは左耳も聞こえるようになっています。

聞きたくない、聞きたくないと思っていると、ほんとうに耳が聞こえなくなってしまうことがあるのです。たいてい、右耳が聞こえないなら女性か右側に、左耳が聞こえないなら男性か左側に、聞きたくないことを言う人がいるはずです。人のからだってほんとうに不思議ですね。

ガンは頑固か、ガンバリ屋さん

「うちはおじいちゃんも父親もガンだったから、ガン家系なんです」という人がよくいます。ほんとうにガン家系なんてあるのでしょうか？

一人さん曰く、「それっておかしいよね。だって、ガン家系なんていうのがほんとうにあるのなら、とっくにその家系は死に絶えているよな」

ガンは漢字で書くと、やまいだれに品物の『品』、その下に『山』で『癌』と書きます。だから、「品物を山ほど食べるとガンになるよ」、つまり「食べすぎだよ」と、漢字を考えた昔の人は教えてくれているのです。その家系にガンが多いのは、食事や生活習慣が似ているから。「高血圧や糖尿病といった生活習慣病と同じで、ガンも生活習慣病だよ」と、一人さんは教えてくれました。だから、まず食事を改めることが大切です。

そして、ガンになる人の因果は頑固か、ガンバリ屋さん。まじめで人生を楽しめない、がまんする人が多いようです。自分を責めたり、「もっとガンバラなきゃ」という考え方をしていたりすると、ガンになる可能性があるので、やめましょう。普通、『頑張る』と書きますが、一人さん流は『顔晴る』と書きます。頑張るだと、なんだか頑《かたく》なな心でイヤイヤやっているような感じですが、『顔晴る』なら晴れ晴れとした笑顔で楽しくやっている感じがしますよね。

どうせガンバルなら、楽しく顔晴りましょう！

最近、テレビを見ていて、一人さんのこの説を医学が証明してくれたなと思う特集がありました。ある免疫学のドクターの研究によると、ガン細胞というのは人のからだのなかに毎日何千個もできているのだそうです。その度に、白血球の一種であるNK細胞（ナチュラルキラー細胞）という免疫細胞が、お巡りさんのようにからだのなかをパトロールしていて、ウイルスやガン細胞を見つけると取り囲んでやっつけてくれるので、ガン細胞は一瞬にして消えてしまうのだとか。そのおかげで人は元気でいられるのです。

ところが、このNK細胞というのは何億個もあって数は十分なのですが、すぐに活性化が弱まり役に立たなくなって、ガンを含めいろいろな病気になってしまうのだそうです。

NK細胞の活性化が弱まる原因は、自分を責めたり、落ち込んだり、自分に厳しくしたり、楽しめていなかったり。つまり、ストレスに弱く、真面目な人ほど免疫細胞の活性化が弱まってしまうのだそうです。

逆を言うと、NK細胞を活性化させるには、まず人生を楽しんで謳歌する、楽天的に、おおらかに生きる、たまには人のせいにすることです！

人のせいにするとは、自分の味方をしてあげるということ。たとえば、キツイことを言うイヤな上司だなって思ってしまうとします。それは、上司がイヤなことをするのだから、あたりまえ。上司が悪いのだと自分に味方をした後、「上司がイヤだと思う自分を許します」と言うと天国言葉になるので、心がほぐれて自分のことを許せるから自分を責めなくて済むのです。

よく、ガンになったけれど人生観が変わって治ったという人がいるのは、ガンになってもうバカバカしいから旅行でもしてお金を使っちゃおうというように、楽しんだから。いままで自分に厳しくして弱まってしまっていた免疫細胞が活性化して、ガン細胞をやっつけてしまったというわけです。

だから、趣味をたくさん見つけて楽しんでいると、ずっと元気で若々しく、ボケないでしあわせに生きられるのです。

苦労を止めて楽しく生きよう！

からだの因果についていくつかご紹介しましたが、「病気になる人ってたいてい神経過敏な人が多いの。一のことを一〇〇ぐらいに感じちゃうんだよ」と、一人さんは言います。

たとえば、「子どもの成績が悪くて、このままだと将来どうなるか心配で、心配で。考えているだけで涙が出てしまうんです」と、涙を流しながら訴えるお母さんがいます。

でも、その子よりももっと成績が悪くても、いつも笑顔で楽しそうにしているお母さんがいます。心配している様子なんてみじんもありません（笑）。

他の人はちっとも心配していないのに、涙を流してまで「心配だ、心配だ」と言っているのって、おかしくありませんか？

そういう人は、『取り越し苦労』『持ち越し苦労』『持ち出し苦労』のどれかをやってしまっているんです。


取り越し苦労とは、まだ来てもいない未来のことで苦労していること。「将来が不安」だとか、「〇〇〇X年に地球は滅亡する」とか、「一〇〇年後には石油がなくなる」とか。

反対に、すんでしまったことをいつまでも、いつまでもネチネチ言っている。

これは持ち越し苦労です。

持ち出し苦労は何かというと、「私の友だちで旦那さんがリストラにあった人がいて……」とか、「私の知り合いの知り合いで、こういう人がいて……」というように、不幸な人の例を持ち出してくる。それで、「自分もそうなってしまうのでは……」と心配して、わざわざ自分が不幸になっている（笑）。もったいないですよね。

私たちはこの人生を楽しく生きて、人に親切にすることを神さまと約束して生まれてきました。この世は楽しむための神さまからのご招待なんですよ。それなのに、なぜしなくてもいい苦労を背負い込んで、暗い顔をしているのでしょうか？

神さまはもっともっと人生を楽しむことを望んでいるのに、間違った考え方をしているから、「それは違うよ」と優しく教えてくれているのです。だから、からだの調子が悪くなり、何をやってもうまくいかないのです。

もっとありのままの自分を愛して、そのままの自分を許してあげてください。

そして、「この人生を存分に楽しもう‼」と、考え方を切り替えてみてください。

「楽しい、楽しい」って思いながら歩めば、あなたもまわりの人も楽しくなって、もっともっと笑顔でいっぱいのバラ色の人生になりますよ。

おわりに

人は、楽しくなるとしあわせになりますよね。自分があまりにもしあわせだと、コップから水があふれ出すみたいにしあわせがあふれ出てきます。

実は私たち一人さんの弟子は、「人に親切にしなければいけない」とは意識して考えていません。重い荷物をもったおばあちゃんを見ると、助けてあげたいと自然にからだが動いてしまっている。そうやって何か人にやってあげたくなってしまうのです。

この本を読んでくれたあなたもムリにいい人になる必要なんて、まったくありません。とにかく、まず自分がしあわせになると人にも親切にしたくなるし、まわりの人にもしあわせになってもらいたいなと思えるのです。

反対に、あまりにも自分が我慢していて不幸だと、人の足を引っ張りたくなってしまう。そんなふうに、神さまは人間をつくっているのです。

だから、まず自分がしあわせにならなきゃ絶対にダメです。


いい人がしあわせになりやすいというのは、人のしあわせをよかったねと思えるような人だから。でも、人のしあわせはよかったねと思うのに、「自分はいいの」と犠牲的精神をもったいい人は、神さまから「それは間違っているよ」と×《バツ》を出されてしまうので、しあわせにはなれないのです。

自分を犠牲にしてまでがんばっているのに、もったいないですよね。

それは、たとえて言うならこんな感じです。乗っていた船が遭難して、たくさんの人が海に放り出されてしまいました。そこへ助けのボートがやってきます。犠牲的精神をもったいい人は、「私はいいから、先に乗ってください」と他の人をボートに乗るようにうながし、その人以外はボートに乗り込んで助かりました。ところが、まだボートの席は空いていて乗れるというのに、そのいい人は海のなかで、「私はいいから」と言って溺れてしまっています。

まだ乗れるのに、なんであの人は乗らないの？ と、ボートに乗っている人たちはみな歯がゆくて仕方がありません（笑）。

神さまの世界に、定員というものは存在しないのです。一人だけ犠牲になってしあわせになれない、なんていうボートは絶対につくらない。私もあなたも、大切な人たちも、み～んな乗って、一緒にしあわせになれます。

だから、しあわせになることをあきらめないでください。

もちろん、天国にも定員はありません。存分にこの世を楽しんで、めちゃくちゃしあわせに生きる。

そして、神さまからの
「あなたは人生を楽しみましたか？」

「人に親切にしましたか？」

という二つの質問に、最高の笑顔で「はい！」と答え、天国に行きましょう!!

舛岡はなゑ

ひとりさんとお弟子さんたちのブログについて

斎藤一人オフィシャルブログ
(一人さんご本人がやっているブログです)
https://ameblo.jp/saitou-hitori-official

お弟子さんたちのブログ

柴村恵美子さんのブログ
https://ameblo.jp/tuiteru-emiko/

舛岡はなゑさんのブログ
【ふとどきふらちな女神さま】
https://ameblo.jp/tsuki-4978/
銀座まるかん オフィスはなゑのブログ
https://ameblo.jp/hitori-myoudai-hana/

みっちゃん先生ブログ
https://ameblo.jp/genbu-m4900/

宮本真由美さんのブログ
https://ameblo.jp/mm4900/

千葉純一さんのブログ
https://ameblo.jp/chiba4900/

遠藤忠夫さんのブログ
https://ameblo.jp/ukon-azuki/

宇野信行さんのブログ
https://ameblo.jp/nobuyuki4499

高津りえさんのブログ
http://blog.rie-hikari.com/

おがちゃんのブログ
https://ameblo.jp/mukarayu-ogata/

楽しいお知らせ

無　　料　ひとりさんファンなら
一生に一度はやってみたい

「大笑参り《おおわらい》」

ハンコを9個集める楽しいお参りです。
９個集めるのに約7分でできます。

場　　所：ひとりさんファンクラブ
（JR新小岩駅南口アーケード街　徒歩３分）
電　　話：03-3654-4949
年中無休（朝10時～夜7時）

≪無料≫　金運祈願　恋愛祈願　就職祈願　合格祈願
健康祈願　商売繁盛

ひとりさんファンクラブ

住　所：〒124-0024　東京都葛飾区新小岩1-54-5
ルミエール商店街アーケード内
営　業：朝10時～夜7時まで。
年中無休　電話：03-3654-4949

各地のひとりさんスポット

ひとりさん観音：瑞宝山　総林寺
住　所：北海道河東郡上士幌町字上士幌東4線247番地
電　話：01564-2-2523

ついてる鳥居：最上三十三観音第二番　山寺千手院
住　所：山形県山形市大字山寺4753
電　話：023-695-2845

観音様までの楽しいマップ

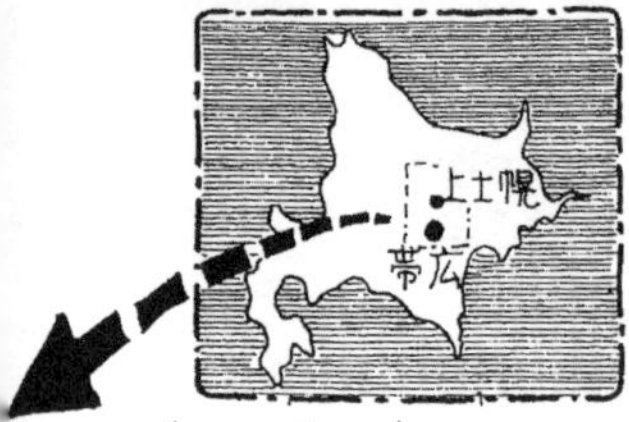

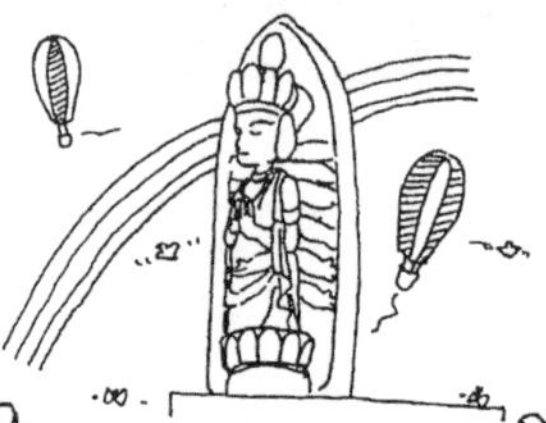

① 愛国←→幸福駅

『愛の国から幸福へ』この切符を
手にすると幸せを手にするといわれ
スゴイ人気です。ここでとれるじゃがいも
野菜・etcは幸せを呼ぶ食物かも!!
特にとうもろこしのとれる季節には、
もぎたてをその場で茹でて売っている
こともあり、あまりのおいしさに
幸せを感じちゃいます。

② 十勝ワイン(池田駅)

ひとりさんは、ワイン通といわれています
そのひとりさんが大好きな十勝ワイン
を売っている十勝ワイン城があります
★ 十勝はあずきが有名で『赤い宝石』
と呼ばれています。

★ 観音様

ひとりさんの寄付により、夜になると
ライトアップして、観音様がオレンジ色
に浮かびあがり、幻想的です。
この観音様は、一人さんの弟子の1人
である柴村徳美子さんが建立しました。

③ 上士幌

上士幌町は柴村恵美子が生まれた町。
そしてバルーンの町で有名です。8月
上旬になると、全国からバルーンミスト
が大集合。様々な競技に腕を競い
合います。体験試乗もできます。
ひとりさんが、安全に楽しく気球
に乗れるようにと願いを込めて
観音様の手に気球をのせています。

④ ナイタイ高原

ナイタイ高原は、日本一広く大きい牧場
です。牛や馬、そして羊もたくさんいちゃうのヨ
そこから見渡す景色は雄大で感動!!
の一言です。ひとりさんも好きなこの場所
は行ってみる価置あり。
牧場の一番てっぺんにはロッジがあり
ます(レストラン有)。そこで、ジンギスカン
焼肉・バーベキューをしながらビールを
飲むとオイシイヨ!!とってもハッピーになれ
ちゃいます。それにソフトクリームがメーチャ
オイシイ。2ケはいけちゃいますヨ。

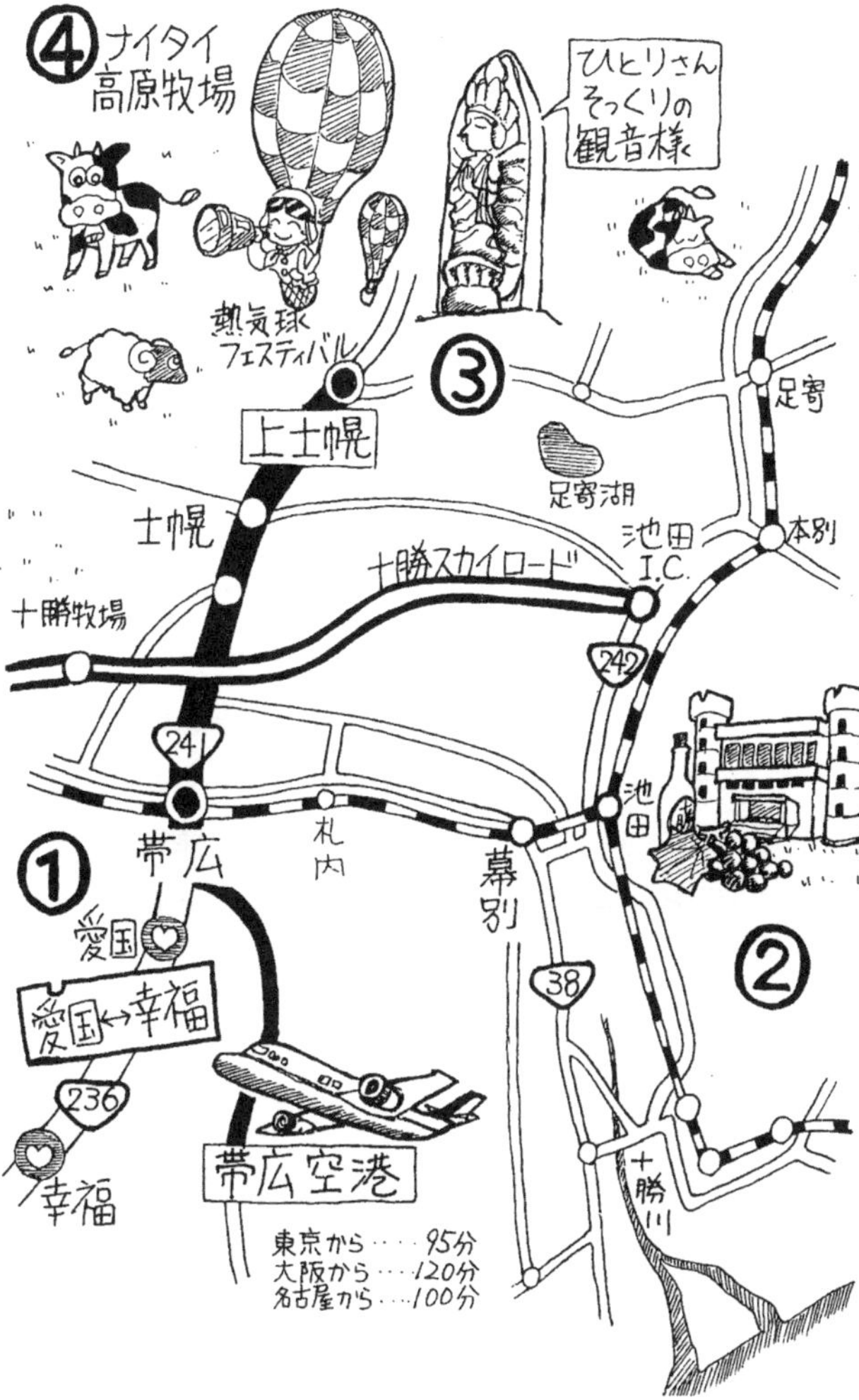

④ナイタイ高原牧場
熱気球フェスティバル
ひとりさんそっくりの観音様
③
上士幌
足寄
足寄湖
士幌
十勝スカイロード
池田I.C.
本別
十勝牧場
242
241
帯広
札内
幕別
池田
①
愛国
愛国↔幸福
236
幸福
②
38
十勝川
帯広空港
東京から……95分
大阪から……120分
名古屋から……100分

斎藤一人さんのプロフィール

東京都生まれ。実業家・著述家。ダイエット食品「スリムドカン」などのヒット商品で知られる化粧品・健康食品会社「銀座まるかん」の創設者。1993年以来、全国高額納税者番付12年間連続6位以内にランクインし、2003年には日本一になる。土地売買や株式公開などによる高額納税者が多い中、事業所得だけで多額の納税をしている人物として注目を集めた。高額納税者の発表が取りやめになった今でも、着実に業績を上げている。また、著述家としても「心の楽しさと経済的豊かさを両立させる」ための本を多数出版している。『変な人の書いた世の中のしくみ』『眼力』（ともにサンマーク出版）、『強運』『人生に成功したい人が読む本』（ともにPHP研究所）、『幸せの道』（ロングセラーズ）など著書は多数。

1993年分——第4位	1999年分——第5位
1994年分——第5位	2000年分——第5位
1995年分——第3位	2001年分——第6位
1996年分——第3位	2002年分——第2位
1997年分——第1位	2003年分——第1位
1998年分——第3位	2004年分——第4位

〈編集部注〉

読者の皆さまから、「一人さんの手がけた商品を取り扱いたいが、どこに資料請求していいかわかりません」という問合せが多数寄せられていますので、以下の資料請求先をお知らせしておきます。

フリーダイヤル 0120-497-285

本書は二〇一五年四月に弊社で出版した
書籍を新書判として改訂したものです。

斎藤一人 大富豪が教えてくれた
1ページ読むごとに メチャクチャ
人生が楽しくなるヒント

著　者　舛岡はなゑ
発行者　真船美保子
発行所　KK ロングセラーズ
東京都新宿区高田馬場 2-1-2　〒 169-0075
電話（03）3204-5161（代）　振替　00120-7-145737
http://www.kklong.co.jp

印　刷　大日本印刷（株）　製　本　（株）難波製本
落丁・乱丁はお取り替えいたします。※定価と発行日はカバーに表示してあります。
ISBN978 - 4 - 8454 - 5095 - 4　C0230　Printed In Japan 2019